ALTES HANDWERK

Altes Handwerk

Herausgegeben von
Raimond Reiter

Texte
Marion Janzin
Joachim Güntner

Fotos
Rudolf Albers

schlütersche

Die Deutsche Bibliothek – CIP-Einheitsaufnahme

Altes Handwerk/hrsg. von Raimond Reiter. Mit Texten von Marion Janzin und Joachim Güntner. Fotogr. von Rudolf Albers. — Hannover: Schlütersche, 1996
ISBN 3-87706-393-4
NE: Reiter, Raimond [Hrsg.]; Janzin, Marion; Albers, Rudolf

Bildnachweis:

Rudolf Albers: Seiten 20—39, 44—111.

Raimond Reiter: Seiten 40—43.

Berufswappen: Seiten 10—19, entnommen aus: »Siebmachers großes Wappenbuch« Bd. 7. Mit freundlicher Genehmigung: Verlag Bauer & Raspe, Neustadt/Aisch, Reprint 1976

Stände-Abbildungen: Seiten 10—12, 14—19, entnommen aus: Jost Ammann/Hans Sachs, »Eygentliche Beschreibung Aller Stände auff Erden«, Frankfurt a. M. 1568.

© 2. unveränderte Auflage 1996
Schlütersche Verlagsanstalt und Druckerei GmbH & Co.,
Hans-Böckler-Allee 7, 30173 Hannover
Alle Rechte vorbehalten.
Nach dem Urheberrechtsgesetz vom 9. September 1965 i. d. F. vom 1. Juli 1985 ist die Vervielfältigung oder Übertragung urheberrechtlich geschützter Werke, also auch der Texte und Illustrationen dieses Buches — mit Ausnahme der Vervielfältigung gemäß §§ 53 und 54 URG —, ohne schriftliche Zustimmung des Verlages nicht zulässig. Als Vervielfältigungen gelten alle Verfahren einschließlich der Fotokopie, der Übertragung auf Matrizen, der Speicherung auf Bändern, Platten, Transparenten oder anderen Medien.
Gesamtherstellung: Schlütersche Verlagsanstalt und Druckerei GmbH & Co.,
Hans-Böckler-Allee 7, 30173 Hannover

Vorwort

Das Handwerk ist mit seinen 127 Berufen in unserem Alltag allgegenwärtig, ist es doch überall da gefordert, wo es um Flexibilität, um individuelle Fertigungs- und Arbeitsweisen und um maßgeschneiderte Leistungen und Erzeugnisse geht. Handwerk ist älter als die Pyramiden und so jung wie die Raumfahrt. Es umfaßt Tradition und Fortschritt gleichermaßen.

Im Zeitalter der industriell gefertigten Massenware haben jedoch — so scheint es zumindest — manche alten Handwerkskünste an Bedeutung verloren. Wer kennt noch aus eigener Anschauung die Arbeit des Besenbinders oder des Blaudruckers, des Büchsenmachers, des Bürstenbinders, des Reitstiefelspezialisten oder des Stellmachers.

Einige dieser alten Handwerke sind zum Aussterben verurteilt, weil nur noch wenige, meist ältere Leute, diese Berufe noch ausüben. Und doch: gerade zur Zeit erleben manche dieser alten Handwerke eine Renaissance. Sie treten auf Handwerkermärkten in Erscheinung und tauchen in den Medien auf. Manchmal wird ihnen sogar — wie im vorliegenden Fall — ein ganzes Buch gewidmet.

In diesem Zusammenhang drängt sich die Frage auf, was ist denn eigentlich so faszinierend an den alten Handwerken? Worin liegt ihre Attraktivität für den Betrachter, für den Kunden, für einen jungen Menschen, der vielleicht mit dem Gedanken spielt, einen solchen alten Handwerksberuf zu erlernen?

Die Ursachen dafür sind komplex. Beim Kunden spielt sicher der Wunsch eine Rolle, ein Produkt zu erwerben, das sich von der Massenware abhebt und von besonderer Qualität ist. Den Betrachter fasziniert vielleicht, dem allmählichen Werden eines Produktes zusehen zu können, dessen Anfertigung noch ganz »altertümlich« vonstatten geht, und damit den Bezug zur eigenen Geschichte, zur vorindustriellen Produktionsweise, quasi handgreiflich vor Augen zu haben. Der junge Mensch, der vielleicht mit einer Ausbildung in einem dieser Handwerke liebäugelt, fühlt sich möglicherweise vor allem deshalb angesprochen, weil diese Form der Handarbeit nicht nur kreativ und schöpferisch ist, sondern darüber hinaus auch eine sinnfällige Alternative zur Arbeitsweise der industriellen Gesellschaft darstellt, die von vielen als entfremdet empfunden wird.

Bei der Ausübung der alten Handwerksberufe ist der Mensch noch verantwortlich für den gesamten schöpferischen Prozeß von Anfang bis Ende, ohne der Herrschaft der Maschinen und der automatischen Produktion unterworfen zu sein. Hier erscheint Arbeit nicht als notwendiges Übel und reiner Broterwerb, sondern als sinnvolles Tun und als Möglichkeit, sich durch der eigenen Hände Arbeit selbst zu verwirklichen.

Bei aller Freude, daß mit dieser Hinwendung zu den alten Handwerken eine Reihe von Berufen vielleicht noch einmal vor dem Aussterben bewahrt werden, sollte aber eines nicht vergessen werden: Bei den meisten der 127 verschiedenen Handwerksberufe handelt es sich um sehr moderne, keineswegs technikfeindliche Berufe.

Der vorliegende Fotoband beschränkt sich ganz bewußt auf die Präsentation einiger alter Handwerke. Er zeigt eine interessante Auswahl des Handwerks, wie wir es heute vorfinden, und bietet eine reizvolle Lektüre — nicht nur für Handwerker, sondern für alle, die sich für die Geschichte des Handwerks und die Entwicklung des handwerklichen Schaffens interessieren.

Hannover, im September 1993

Dipl.-Ing. JÜRGEN OHLENDORF
Präsident der Handwerkskammer Hannover und der
Vereinigung der Handwerkskammern Niedersachsen

INHALT

Besenbinder

Blaudrucker

Buchbinder

Bürstenmacherin

Bootsbauer

Büchsenmacher

Goldschmied

Vorwort	5
Einleitung	9
Besenbinder	20
Blaudrucker	22
Bootsbauer	26
Buchbinder	28
Büchsenmacher	30
Bürstenmacher	34
Drechsler	36
Eisengießer (Gießereimechaniker)	38
Geigenbauer	40
Gerber	44
Glasbläser (Glasapparatebauer)	46
Glasschleifer und -graveur	48
Glasmalerin	50
Goldschmied	52
Holzbildhauer	54
Hufschmied	56
Korbmacher	60

Meisterstück eines Holzbildhauers

Eisengießer

Drechsler

Gerber

Glasschleifer

Glasbläser

Glasmalerin

Hufschmied

Korbmacher

Geigenbauer

Kunstschmied	64
Lehmbauer	66
Miniaturbauer	70
Modedesignerin (Schneiderin)	72
Puppenmacher	74
Putzmacherin	76
Reitstiefel-Spezialist	78
Sattler	82
Segelmacher	86
Seiler	88
Stellmacher	92
Stukkateur	94
Teppichknüpferin	98
Töpferin	100
Vergolder	104
Weberin	108
Werkzeugschleifer	110
Literatur	112

Putzmacherin

Puppenmacher

Reitstiefel-Spezialist

Sattler

Segelmacher

Seilerarbeit

Stellmacherwerkzeuge

Kunstschmied   Lehmbauer

Stukkateur

Teppichknüpferin

Geschickte Töpferhände

Miniaturbauer

Modedesignerin

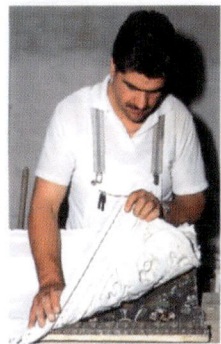
Vergolder

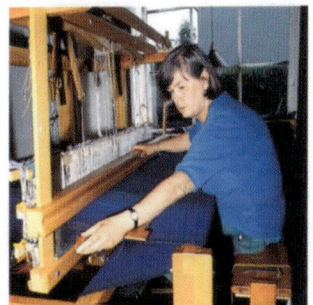
Weberin

Werkzeugschleifer beim Montieren einer Schere

Einleitung

Die Betrachtung von altem Handwerk in seiner heutigen Gestalt ist eine spannende und lehrreiche Angelegenheit, gerade dann, wenn man von den Produkten handwerklicher Tätigkeit fasziniert ist, aber ihre Quellen und Arbeitsweisen nicht näher kennt. Dies kennzeichnet eine wichtige Grundlage dieses Fotobandes und ebenso die Auswahl der einzelnen Handwerker. Die Neugier auf die verschiedenen Verfahrensweisen umfaßt zwei Seiten: einerseits das Bedürfnis, etwas zu verstehen, was in unserer hochtechnisierten Industriegesellschaft noch ganz »altertümlich« vonstatten geht und gerade deswegen erhaltenswert ist, weil das Verwertungsbedürfnis der massenhaften Warenherstellung immer mehr der Kritik ausgesetzt ist. Es gibt eine bedeutende Aufmerksamkeit dafür, daß nicht die Menge der Konsumgüter eine bessere Lebensqualität bedeutet, sondern vielmehr ihre ästhetische und sinnliche Qualität, die an Naturstoffe gebunden ist. In diesem Sinne ist das »alte Handwerk« auf eine besondere Art und Weise ganz modern, da in ihm Alternativen zu Lebensformen liegen können, in denen wir in der arbeitsteiligen Gesellschaft unzufrieden sind. Hierzu gehört der Verlust von sozialen Beziehungen, der Verlust von der Überschaubarkeit verschiedener Lebenszusammenhänge bis hin zur Arbeitswelt, in der die Frage nach dem Sinn der Tätigkeit durch Freizeitorientierungen verdrängt wird. Diese Überlegungen sollen und können nicht frei sein von einer Zivilisationskritik, in der gerade das alte, traditionelle Handwerk Anlaß und Mittel zu einer Neuorientierung auch ganz persönlich werden kann. Andererseits ist die damit verbundene Neugier am Handwerk auch auf die sozialen Zusammenhänge verwiesen, in denen es sich historisch gezeigt hat. So wirkt auf uns heute die Ordnung der Zünfte des Mittelalters aufgrund ihrer selbstauferlegten Beschränkungen und engen sozialen Kontrolle eher befremdend, obwohl die moralischen Vorstellungen zur Selbstbegrenzung teilweise durchaus aktuell sind: Auch und gerade weil durch Wissenschaft, Technik und Forschung immer mehr Grenzen des Möglichen durchstoßen werden, stellt sich verstärkt die Frage, ob alles, was möglich ist, auch getan werden sollte. Und ob es nicht bedeutsamer für die menschliche Zufriedenheit sein kann, Dinge des Alltags selbst herzustellen, als einem perfekten Konsumkreislauf zu entnehmen und ohne eine Empfindung von Herkunft und Folgen des Verbrauches zu benutzen. Ein wichtiger Punkt, der zu der Frage führt, ob die handwerkliche Tätigkeit in ihrer ganzheitlichen Gestalt mehr als andere glücklicher macht oder machen kann[1]. Eine Frage, die nicht einfach zu beantworten ist.

Eine allgemeine Charakteristik des Handwerks zu geben, ist außerordentlich schwierig. Hierauf wurde und wird wiederholt in der Literatur hingewiesen[2]. Ein Problem, das damit zusammenhängt, daß das Handwerk oft nicht ohne Besonderheiten eines Betriebes und der dazugehörigen Person betrachtet werden kann. In einer Art Idealform könnten wir aber sagen:

> »Der Handwerker ist ein Mensch, der nach eigenen Vorstellungen mittels seiner Hände berufsmäßig aus sich und der Welt bedächtig etwas Notwendiges als sein Werk macht, um das sich sein ganzes Dasein als ein zur Wirklichkeit unmittelbares Leben bewegt.«[3]

In diesem Sinne läßt sich auch die Auswahl in diesem Fotoband nachvollziehen, da der berufsmäßig handwerklich Tätige zunächst einmal nicht an offizielle Einstufungen der Handwerke gebunden gesehen werden soll. Insofern kann auch ein Besenbinder dem alten Handwerk zugerechnet werden. Hieraus ergibt sich allerdings die Frage, inwieweit man es jeweils mit altem Handwerk zu tun hat. Idealtypisch können hierzu vier Merkmale herausgestellt werden: Zunächst war das alte Handwerk durch eine kleinbetriebliche Produktion geprägt, die der Meister alleine oder mit wenigen weiteren Personen selber wirtschaftlich, selbständig und handwerklich betrieb. Ein weiteres Merkmal bestand im Vorrang des Menschen, der, abhängig von Naturprodukten, seine individuelle Fertigkeit und Kompetenz entfaltete. Die Arbeitsteilung war kaum ausgeprägt, und technische Neuerungen bestimmten nicht den Alltag. Als drittes Merkmal ist die Struktur der Ausbildung zu nennen mit ihren

Tischler um 1740 in Göttingen — Tischler — Schiffbauer — Spielzeugmacher  — Musikinstrumentenmacher

formalen Vorgaben und Prüfungen, durch die man einen hohen qualitativen Standard der Arbeit sichern wollte. Schließlich ist noch die alte zünftige Organisation des Handwerks zu nennen, eine Form der Standesorganisation, in der die verschiedenen Berufsgruppen ihre Interessen nach innen und außen regelten. Dies umfaßte die Fürsorge für Bedürftige, marktordnende Aufgaben, teilweise politische oder gar militärische Dinge bis hin zur handwerkseigenen Gerichtsbarkeit[4]. Insbesondere das letzte Merkmal zeigt, daß man »altes« Handwerk nicht nur historisch begreifen kann, obwohl gerade ältere Traditionen in den Arbeitsweisen und Werkzeugen typisch sind. In diesem Sinne gibt es einen Unterschied zwischen altem und traditionellem Handwerk. Im traditionellen Handwerk steht die formale historische Fortsetzung innerhalb der Zünfte und Innungen im Vordergrund, die sich in der Gegenwart in teilweise stark gewandelter Form innerhalb der Handwerkskammern ausgestaltet hat. Im »alten« Handwerk liegt der Hauptaspekt auf der Zusammensetzung der Arbeitsweisen zur traditionellen Bewältigung des Arbeitsmaterials. Dementsprechend geht z. B. Seymour vom »alten Handwerk« aus, das nicht unbedingt traditionellen Handwerkerberufen zugeordnet wird[5]. Insofern bringt das alte Handwerk teilweise ganz moderne Berufstätigkeiten hervor oder wird im traditionellen Berufsbild fortgeführt. Bei Berufen wie dem Sattler, dem Geigenbauer, dem Holzbildhauer und der Weberin ist dies ohne weiteres einsichtig, da die alten historischen Berufsbezeichnungen auch heute weitgehend mit einer traditionellen alten Arbeitsweise zusammenfallen. Bei anderen wie dem Töpfer, dem Glaser und dem Drechsler gilt dies auch, obwohl es hier teilweise weitgehende Änderungen in den Arbeitsgegenständen im Laufe der Jahrhunderte gegeben hat (von Gebrauchsgegenständen hin zur anspruchsvollen und teuren Einzelherstellung). Bei wieder anderen Berufen hat sich zwar der wesentliche handwerkliche Gehalt der Tätigkeit erhalten, allerdings im unmittelbaren Zusammenhang mit einer Spezialisierung und einer dazugehörigen neuen Berufsbezeichnung. Dies zeigt, daß das alte Handwerk teilweise ganz modern ist, obwohl es historische Arbeitsweisen umfaßt. In diesen Bereich gehören der Glasapparatebauer (Spezialist aus dem alten Bereich des Glasbläsers), der Gießereimechaniker (der wesentlich

Bürstenbinder

Sattler

Lautenmacher

Geigenbauer　Bürstenbinder　Bürstenmacher in Berlin　Korbmacher 1680 in Braunschweig　Korbmacher 1720 in Braunschweig　Korbmacher in Lübeck

so arbeitet wie der alte Eisengießer), die Modedesignerin (die als selbständig Tätige auch eine Schneiderei umfaßt und damit dem Ursprung nach diesem Bereich zugeordnet werden kann), der Puppendoktor (der sozusagen ein Spezialist aus dem historischen Handwerk des Puppenmachers ist) und schließlich der Reitstiefelspezialist (der im weiteren Sinn dem alten Schuhmacherhandwerk zugehörig gesehen werden kann).

Übergreifend für alle Handwerker gilt oft die Vorstellung, mit den eigenen Händen, durch Kraft und Geschicklichkeit, sich den zum Leben erforderlichen Unterhalt selbst zu erarbeiten. Dies war und ist ein wichtiger Anteil der Selbständigkeit des Handwerks. Das Wissen um den Umgang mit den Naturmaterialien, deren An-

eignung und Verarbeitung in einem ganzheitlichen Arbeitsvorgang, ist hierbei seit Jahrhunderten geprägt. Holz, Stein, Leder, Naturfasern, Ton und Metalle sind die Materialien, die heute mehr oder weniger durch Kunststoffe ersetzt worden sind. Altes Handwerk beharrt aber darauf, die künstlerische und persönliche Note aufrechtzuerhalten, zu bewahren, aber auch modernisierend zu entwickeln. Gerade hierdurch besteht eine Überlebenschance des alten Handwerks, d. h. in der bewahrenden Umarbeitung hin zum zeitbedingten Formenwandel, durch den die Beziehungen zum Auftraggeber gesichert werden. Der Einfluß neuer Tendenzen und dem »Zeitgeist« ist im eigentlichen Kunsthandwerk am stärksten, aber auch etwa im Nahrungsmittelhandwerk ausgeprägt. Inwieweit dann der einzelne Be-

triebsinhaber als Künstler oder als Handwerker anzusprechen ist, hängt wesentlich vom Schwerpunkt der Betriebe ab (und war für diesen Fotoband kein entscheidendes Auswahlkriterium). Historisch betrachtet gehörten in Deutschland die Gold-, Silber- und Kupferschmiede, die Harnischmacher, die Glaser, die Maler, die Kunstschreiner und -schlosser, die Zinngießer u. a. zum eigentlichen Kunsthandwerk[6]. Aber praktisch jede handwerkliche Tätigkeit hat einen mehr oder weniger ausgeprägten künstlerischen Anteil, der sich insbesondere dort zeigt, wo die geistige Formgebung ausgestaltet ist und die Zweckmäßigkeit und Quantität nicht im Vordergrund steht. Dies ist typisch für den Goldschmied und die Modedesignerin, aber auch für die Töpferin, die Putzmacherin, den Stukkateur u. a. Neben dem künstlerischen Ge-

Weber　Töpfer　Bildhauer

Filzmacher in Göttingen

Hutmacher in Magdeburg

Hut- und Filzmacher

Hutmacher

Stellmacher in Gandersheim

Stellmacher in Göttingen

halt der Handwerke wirkt die ästhetische Ausstrahlung, die der Nutzer der handwerklichen Gegenstände und Produkte empfinden kann. Eine Ausstrahlung, die im Material, das verarbeitet wird, und in dessen Umarbeitung für die menschlichen Bedürfnisse liegt. Hier wurden vor allem Berufe fotografisch berücksichtigt, die mit den Bereichen Glas, Holz, Leder, Metall, Stoff, Erd- und Baumaterialien zu tun haben.

Zur Glasverarbeitung gehören traditionell der Glasbläser und der Glasmacher. Die ersten Glasprodukte sind sehr alt und schon früh mit künstlerischen Gestaltungen verbunden. In den mittelalterlichen Glashütten gab es neben den Hüttenmeistern teilweise eine weitgehende Spezialisierung, durch die verschiedene Stufen und Abschnitte der Glasherstellung und -verarbeitung bewältigt wurden. Während die Hohlgläser und Gefäße durch den Glasbläser hergestellt werden, indem das flüssige Glas mit einem Blasrohr (der Pfeife) geformt wird, wird das Flachglas vom Glasmacher traditionell durch Streckung oder Drehung in die passenden Formen gebracht, um vor allem als Glasscheiben verwendet zu werden. In diesem Zusammenhang haben sich im Laufe der Jahrhunderte verschiedene Spezialisierungen gezeigt, so die Glasschleiferei, zu der auch der Brillenschleifer gehört, der Spiegler, der die Spiegelung des Glases durch Blei oder Quecksilber erreicht, oder auch die Glasschneider der Barockzeit[7]. Später entwickelte sich u. a. der Instrumentemacher, der Thermometer, Barometer und schließlich Apparaturen für Laboratorien fertigte. Insofern gehört heute der Glasapparatebauer in diesen alten Berufsbereich, da er aus dem meist industriell vorgefertigten Glasrohr vor allem Laborgeräte gestaltet. Auch hier muß, wie in der Glasbläserei, das in der Flamme flüssig gemachte Glas geblasen, gedreht und mechanisch bearbeitet werden, um die gewünschte Formgebung zu erreichen. Ebenfalls mit industriell vorgegebenem Glas arbeiten die Glaser und die Glasmaler. Beide Berufe waren früher zunächst an die Kirchen und Klöster gebunden und hatten später mit der Ausstattung der Bürgerhäuser und Schlösser zu tun. Das Glaserhandwerk gilt historisch nicht als besonders eigenständig ausgeprägt und war oft mit anderen Berufen in Mischzünften zusammengefaßt. In der alten Arbeitsweise verwendete der Glaser für die Herstellung der »Butzenfenster« Löt-

Glaser

Glasmaler

Stellmacher

| Stellmacher in Braunschweig | Stellmacher in Holzminden | Schreiner | Drechsler-Innung | Drechsler in Braunschweig | Drechsler in Göttingen |

kolben, Bleiruten und Kröseleisen, also Arbeitsgeräte, die auch der Glasmaler heute zur Herstellung von kleineren Arbeiten verwendet oder die bei der Gestaltung von Kirchenfenstern eingesetzt werden. Historisch hat der Glaser mehr mit den technisch-handwerklichen Fragen der Glasverarbeitung zu tun, was sich teilweise mehr in den künstlerischen Bereich verschoben hat, so z. B. bei den Verzierungen von Spiegeln oder bei Glaszierat, die durch Schleiftechniken gefertigt werden. Die Glasmalerei war darüber hinaus direkt auch mit den gewünschten künstlerischen Aussagen konfrontiert, d. h. im Mittelalter mit der Ausgestaltung der christlichen Botschaft. Die verschiedenen Wirkungen des Lichtes konnten durch die Glasbilder hindurch, insbesondere bei den einfacheren Menschen, einen übersinnlichen Eindruck und ein Gefühl der Gottesnähe begünstigen, was durch die kirchlichen Rituale gefördert wird. Die Glasmalerei verwendet für ihre Darstellungen Farben, die auf die Glasflächen aufgetragen werden. Andere Wirkungen des Glases entstehen durch Färbungen, die im Glas selbst liegen. Derartige Färbungen entstehen zunächst durch Verunreinigungen, können aber vor allem durch Zusätze gezielt verursacht werden. So kann man durch verschiedene Metalloxide Grün-, Blau- und Violettfärbungen erreichen, durch Nickel- und Eisenverbindungen Brauntöne, durch Gold und Kupfer Rottöne und schließlich die helleren Färbungen von Gelb und Weiß durch Schwefelverbindungen und Zinnoxid oder Knochenasche[8]. Im Bereich des Glasers können diese Farbwirkungen dadurch unterstützt werden, daß mit Schleif- und Poliertechniken die verschiedenen Vertiefungen als Muster im Glas faszinierende Reflexionen möglich machen. So schön das Produkt im Ergebnis sein kann, so sehr kann die Glasarbeit für den Handwerker auch Gefahren bedeuten. Dies für den Glasmacher, der durch den ständigen Umgang mit dem glühenden Glas eine Trübung seiner Augenlinsen bekommen kann, oder andererseits der Umgang mit den giftigen Bleiruten und dem Glasstaub, der beim Schleifen entsteht. Um diese Staubgefahr zu unterdrücken, werden die Glasschneidearbeiten unter fließendem Wasser gemacht, um die Staubpartikel wegzuschwemmen.

Bei der Glasverarbeitung läßt sich der Werkstoff weitgehend den Gestaltungswünschen anpassen, ist aber als Produkt zerbrechlich. Demgegenüber bietet das Holz eine weitgehende Festigkeit, erfordert aber in der Verarbeitung eine genaue Kenntnis der Eigenschaften in Hinblick auf das gewünschte Ergebnis. So insbesondere beim Stellmacher (Wagner), der verschieden gewachsene Teile des Baumes für Deichseln, Radfelgen und Kufen verwendet und die verschiedenen Maserungen der Esche oder Eiche für seine Zwecke nutzt. Diese Verwendungsmöglichkeiten zu erkennen, beruht auf jahrhundertelangen Erfahrungen, die innerhalb des Berufes gesammelt und weitergegeben werden. Hierdurch werden die natürlichen Gesetzmäßigkeiten des lebendigen Werkstoffes beachtet, die eine passende Formung des Werkstückes verlangen, um eine dauerhafte Gestalt zu erreichen. Auch der Geigenbauer ist mit den Besonderheiten des Holzes konfrontiert, die ja gerade den besonderen Klang seiner Instrumente mit hervorbringen. Durch verschiedene Feuchtigkeitsgrade kann der Holzkörper beim Trocknen an Umfang verlieren oder bei hoher Luftfeuchtigkeit wieder »quellen«. In diesem Sinn »arbeitet« das Holz, ein Vorgang, der beim Geigenbau — jeweils unterschiedlich nach Bauteil und Holzart — berücksichtigt werden muß. Das Holz muß 10 Jahre oder möglichst länger gelagert werden, um einen stabilen Zustand zu erreichen. Die langwierigen Arbeitsvorgänge zur Herstellung einer Geige und die faszinierende Wirkung ihrer Klänge haben Anekdoten über die Geheimnisse der Stradivariusgeigen oder »Teufelsgeiger« hervorgebracht. In der Entwicklung des deutschen Geigenbaus spielte der Geigenbauer Stainer eine besondere Rolle. Ihm wird nachgesagt, daß er sich tagelang in Wäldern aufgehalten hat, um das richtige Haselbaumholz für seine Resonanzböden zu finden. Die gefällten Bäume wurden dann sorgfältig untersucht, und durch Hammerschläge auf das Holz wollte man es prüfen und sicher sein, daß die spätere Geige einen außerordentlichen Klang bringen würde[9]. Um jeweils die passenden Stücke vorrätig zu

Seilerhandwerk　　Segelmacher　　Leineweber　　Leineweber　　Leineweber in Göttingen

haben, wird ein Lager angelegt, in dem das Holz trocken, aber ohne künstlichen Einfluß bis zur Verarbeitung aufbewahrt wird. Dann werden insbesondere Stücke mit möglichst gleichmäßigen Jahresringen ausgewählt. Die Klangqualität einer Geige wird schließlich noch wesentlich durch die Lackierarbeiten beeinflußt.

Auch bei den Bootsbauern gibt es eine Reihe von Spezialtechniken, mit denen das Holz der gewünschten Form angepaßt und beständig und haltbar gemacht wird. Im traditionellen Holzschiffsbau gehörte es allerdings dazu, die Veränderbarkeit und Beweglichkeit des Holzes im Bootskörper zu berücksichtigen und einzubeziehen, um ihn gegen die Einwirkungen der Stürme und des Wassers zu schützen. Um die Holzteile, Verbindungsstücke usw. auf geeignete Weise auszuwählen, benötigt der Handwerker einen geübten Blick. Dies betrifft ebenso andere holzverarbeitende Berufe wie den Besenbinder, den Bürstenbinder, den Drechsler, den Holzbildhauer, den Korbflechter und den Miniaturenbauer. Ähnlich wie der Stellmacher sind der Besenbinder und der Korbflechter von den natürlichen Vorgaben ihres Materials im Arbeitsrhythmus bestimmt. Die Weide als Arbeitsmaterial kann jährlich geschnitten werden, andere Holzarten brauchen längere Zeit, um verwertbares Material hervorzubringen. Der Holzbildhauer und der Drechsler brauchen eher härtere Holzarten, um Modelle, Möbelteile usw. herzustellen, d. h., daß ein entsprechendes Lager mit Buchen-, Eichen- oder Buchsbaumstücken bereitgehalten werden muß. Weitere Materialien wie Kunststoffe und Horn (früher auch Elfenbein) kommen hinzu. Andere Besonderheiten zeigen sich beim Miniaturenbauer und beim Buchbinder. Der Miniaturenbauer baut z. B. zunächst das Fachwerkgerüst eines Modellhauses aus Holz und auch weitere Bauteile und Einrichtungsgegenstände eines Miniaturhauses. Ansonsten werden aber auch andere Werkstoffe verwendet wie Ton, Stoff, Leder usw. Ähnlich verhält es sich beim Buchbinder, der neben dem Buchenholz für einen Bucheinband vor allem Leder bzw. Pergament verarbeitet. Insbesondere bei Restaurationsarbeiten sind hierbei genaue historische Materialkenntnisse und moderne Techniken erforderlich, die eine spätere erneute Aufarbeitung der wertvollen Bücher und Dokumente möglich machen. So werden z. B. alte handbeschriebene Buchseiten angefasert und auf Pergament (gekalktem Ziegenleder) so aufgebracht, daß eine Ablösung wieder durchgeführt werden kann.

Typische tierhaut- bzw. lederverarbeitende Handwerker sind der Gerber, der Sattler und der Schuhmacher. Die Rinderhäute des Bauern wurden früher dem Gerber zur Verarbeitung gegeben, wobei er für seine Arbeit oft einen Teil des Leders behalten durfte. Dies wurde dann vom Schuhmacher, der »auf Stör« war, d. h. beim Kunden sein Handwerk betrieb, zu Schuhwerk verarbeitet. Der Schuster auf dem Lande bekam zwar eine freie Unterkunft und Essen bei seinem Auftraggeber,

Drechsler

Buchbinder

Weber Blaufärber Blau- und Schönfärber in Holzminden Sattler Sattler

verdiente aber deshalb nicht viel, weil mehr geflickt wurde, als neues Schuhwerk angefertigt. Mit Pechfäden wurden die Sohlen mit dem Oberleder vernäht und die Sohlen genagelt, um ihre Lebensdauer zu erhöhen. Für die Haltbarkeit des Leders ist wiederum die Gerbung von Bedeutung. Traditionell werden drei Gerbverfahren unterschieden. Bei der Lohgerberei werden pflanzliche Gerbmittel eingesetzt, d. h. zerkleinerte Rindenstücke der Eiche oder der Fichte. Um sie in ausreichender Menge bereitzuhalten, wurden an manchen Orten regelrechte Loh- oder Schälwälder angelegt. Die pflanzliche Gerbung dauerte eineinhalb bis fast zwei Jahre und erforderte regelmäßig neuen Gerbstoff, so daß für einen Zentner Leder bis zu vier oder fünf Zentner Eichenrinde verbraucht wurden[10]. Bei der Weiß- oder Alaungerbung werden Mineralsalze eingesetzt, wodurch das fertige Leder eine helle Färbung bekommt. Bei der Sämischgerbung werden schließlich Fette und Öle eingesetzt, um ein weiches Leder mit gelblichen Färbungen zu erhalten.

Bei der Metallverarbeitung zeigen sich besonders beim Schmied archaische Arbeitsformen. Das haltbare und stabile, aber bei der Bearbeitung widerspenstige Material wird im Feuer der Esse gefügig gemacht. In der alten Schmiede finden wir die vier Elemente Feuer, Erde, Luft und Wasser. Aus dem Erdreich werden die Metalle gewonnen, mit dem Blasebalg wird der Flamme Luft zugeführt und im Wasserbad wird das Werkstück gekühlt und gehärtet. Das Metall bringt an sich keine besondere Eigengestalt mit sich, wie es etwa die Eigenart organischer Stoffe ist. Um so mehr umfaßt die Metallverarbeitung die strukturgebende und gestaltende Kraft des Handwerkers. Durch Schmelzen, Mischen, Hämmern, Ziehen, Schlagen, Löten und Feilen wird sie umgesetzt. Vor allem Schmuck, Werkzeug und Waffen gehören zum traditionellen Bestand der metallverarbeitenden Handwerker, zu denen neben dem Schmied der Büchsenmacher, der Gießereimechaniker (Eisengießer), der Vergolder, der Goldschmied und der Werkzeugschleifer gehören. Der Eisengießer arbeitete mit dem flüssigen Metall, das sich vorgegebenen Gußformen anpaßt. Eisenbahnschienen, Schiffsgeschütze und verschiedene Gußwaren wie Ofenplatten gehörten zu seinen Erzeugnissen. Noch heute sind die Arbeitsbedingungen der Gießereimechaniker sehr schwer und gesundheitsgefährdend. Älter als dieses Handwerk ist das des Büchsenmachers, der »feuerspeiende Lanzen« (chinesischer Sprachgebrauch) fertigt. Gerade bei den älteren königlichen Prunkwaffen zeigt sich, daß der Büchsenmacher eine Reihe verschiedener Tätigkeitsbereiche beherrschen muß. Neben der Präzision für die Zielgenauigkeit gehören dazu Holzarbeiten und schließlich der teilweise sehr aufwendige Zierat an Holz- und Metallteilen der Waffen. Hinzu kommen die Montage und Feinarbeiten, durch die die Waffe treffsicher wird. Wie in anderen Handwerksberufen auch, gab und gibt es hierbei verschiedenartige Spezialisierungen bis hin zu eigenen Handwerksberei-

Schuhmacher

Gerber

15

| Gerber in Magdeburg | Gerber in Braunschweig | Gerber | Schuhmacher in Hannover | Schuhmacher | Schuhmacher zu Nordhausen |

chen, bei denen der künstlerische Anteil, vor allem in der Endfertigung, auftritt. Beim Vergolder und beim Goldschmied ist dieser Anteil von vornherein stark ausgebildet, und diese Handwerke erfordern ebenfalls eine besondere Präzision, nicht zuletzt wegen des wertvollen Arbeitsmaterials. Das wenige tausendstel Millimeter starke Blattgold wird vom Vergolder auf eine präparierte Grundierung aufgetragen (»aufgeschossen«) und z. B. mit einem Achatstab poliert. Auch für andere Arbeitstechniken sind ausgeprägte Materialkenntnisse nötig, insbesondere bei Restaurationsarbeiten. Historisch ging das Handwerk des Vergolders aus der Tätigkeit des Malers hervor und war eng mit dem des Goldschlägers verbunden, der ihm das passende Material lieferte. Durch Beimengungen kann man unterschiedliche

Hutmacher

Färbungen des Goldes erzeugen. Bei einem hohen Silberanteil entsteht Weißgold, bei hohen Kupferanteilen Rotgold. Dazwischen liegt ein großes Spektrum von Tönungen, zu denen schließlich die des reinen Goldes gehört. Insbesondere der Goldschmied hat mit diesem edlen Stoff zu tun, dessen Wirkung im Schmuckstück durch Perlen, Edelsteine usw. gesteigert wird.

Die Herstellung von Gebrauchs- und Kleidungsstoffen war lange an das Ausgangsmaterial Flachs und Hanf gebunden. Mitteldeutschland war im Mittelalter ein wichtiges Zentrum dieses Rohstoffes, der erst in den letzten Jahrhunderten durch die Baumwolle verdrängt wurde[11]. Die Vorräte an Tüchern und Kleidungsstücken wurden auf den Bauernhöfen durch die Bäuerin und die Mägde hergestellt, so daß oft auch in kleineren Orten Spinnrad- und Webstuhlmacher das nötige Arbeitsgerät bereitstellten. Insbesondere im alten Westfalen wurden durch Hunderttausende von Handwebstühlen Stoffe geschaffen, die nicht nur den eigenen Bedarf deckten, sondern als Handelsartikel auftraten. Flachs und Hanf werden noch heute vom Seiler verarbeitet, um haltbare und stabile Seile herzustellen. Gleichzeitig werden Metall- und Kunststoffseile eingesetzt, die, je nach Anwendungsgebiet, die alten Stoffe verdrängen. Davon ist auch der Segelmacher betroffen, der häufig Kunststoffe verwendet, um langlebige und wetterbeständige Segel zu fertigen. Der Blaudrucker dagegen verwendet

ausschließlich natürliche Stoffe, die die Färbungen annehmen. Hierfür wurde das Tuch in der traditionellen Arbeitsweise mit einer Kaltmangel gepreßt und geglättet, damit die Muster saubere Abdrücke ergaben. Eine derartige Kaltmangel besteht aus einem großen länglichen Holzgestell, in dem die Druckfläche auf den Stoff mit schweren Steinen beschwert wurde. Um den Andruck zu erhöhen, wurden Pferde eingesetzt, so daß die Mangel wie eine Presse wirkte, wenn die Pferdekraft auf sie wirkte. Nur bei möglichst glatter Oberfläche konnte dann das Druckverfahren nach dem Glätten sauber durchgeführt werden. Auf eine andere Art und Weise aufwendig ist die Tätigkeit der Schneiderin und der freiberuflichen Modedesignerin, die Kleinserien von Kleidungsstücken selbst konzipiert, den Stoff dafür auswählt und schließlich vernäht. Die Schneider im Mittelalter waren bei ihrer Materialwahl und der Kleiderherstellung eng an die Kleiderordnungen gebunden. Die Ständeordnung war verbunden mit den Rechten und Pflichten, bestimmte Kleidungen und Hüte zu tragen. Wie die alten Hutmacher durften die Schneider nicht nach ihrem Geschmack arbeiten, vielmehr drohten drastische Strafen bei Verstößen gegen die Kleiderordnung[12]. Die gesellschaftlichen Grenzen für eine Abweichung davon waren in dieser Zeit eng. Erst mit der Entwicklung des Bürgertums entstanden die Voraussetzungen für häufig wechselnde Moden. Heute liegt gerade ein Reiz darin, die verschiedensten Stoffe, Knöpfe usw. zu

Schuhmacher — Buchbinder — Buchbinder in Hildesheim — Buchbinder in Einbeck — Buchbinder — Formschneider

modisch auffälligen und anspruchsvollen Kleidungsstücken zu verarbeiten. Hierbei werden sowohl von der Schneiderin als auch der mit der Fertigung beschäftigten Modedesignerin alte handwerkliche Techniken angewendet, auch wenn die künstlerische und eigenwillige Gestaltung bei der Modedesignerin deutlich im Vordergrund steht. So entsteht die Möglichkeit, sich durch und mit der Mode zu offenbaren, sich abzuheben oder sich im Gegenteil zu »tarnen«:

»Mode befriedigt zwei entgegengesetzte soziale und ästhetische Bedürfnisse: das nach sozialer Eingliederung und Anpassung ebenso wie das nach Abgrenzung und Unterschied. So kann man in seiner Kleidung ... soziale Bedürfnisse anzeigen oder gerade verstecken.«[13]

Diese verschiedenen Seiten kann das textile Handwerk bieten. Ganz andere Schwerpunkte müssen die Handwerke legen, in denen Erd- und Baumaterialien im Zentrum stehen. So beim Lehmbauer, beim Stukkateur und der Töpferin. Sie erhalten ihr Arbeitsmaterial aus dem Erdreich, und in bedeutendem Umfang sind die Hände ihr Hauptwerkzeug. Sie formen und modellieren das Werkstück direkt, was insbesondere für das Töpferhandwerk gilt. Der Ton muß möglichst frei von Fremdeinlagerungen sein und die richtige Feuchtigkeit haben, um verarbeitet und gebrannt zu werden, nachdem die Werkstücke luftgetrocknet worden sind. Die alten Töpfereien hatten Brennöfen aus Ziegelsteinen, die mit Kohlen geheizt wurden. Andere Brennöfen waren aus Stein und als zylindrische Konstruktion in einen Erdwall eingebaut. Die Hitze muß aber immer im Brennofen möglichst gleichmäßig auf den Ton wirken. Der Brand macht das Tongerät haltbar, und durch das zusätzliche Einbrennen von Farben wird die natürliche Oberflächenstruktur und -färbung umgearbeitet. Gerade die Glasurtechniken sind vielseitig und machen dekorative und künstlerische Ausdrücke möglich. Noch vor 200 Jahren gab es in den deutschen Städten Dutzende von Töpfereien. Inzwischen ist das Keramikhandwerk selten geworden, wenn man davon absieht, daß es als Freizeitbeschäftigung Verbreitung gefunden hat. Innerhalb des Lehmbauerberufes gehört der Häuserbau mit Lehm und Stroh zu den alten Techniken. Hierzu werden Strohlehmwände in ein Holzfachwerk eingepaßt. Das Füllmaterial muß den richtigen Nässegrad haben, um gut verarbeitet zu werden. Die Besonderheit dieser Bauweise ist, daß das Baumaterial günstig ist, allerdings arbeitsintensiv verarbeitet werden muß.

Zur Eigenart der verschiedenen handwerklichen Stoffaneignung und -verarbeitung gehört eine gewisse Einmaligkeit des Werkes des Handwerkers, das keiner genau so wie er anfertigen kann. Diese besondere Note entfaltet sich durch jahrelange Übung und Auseinandersetzung mit Material und Werkzeug. In einigen Handwerken haben die Werkzeuge eine besondere Bedeutung, die teilweise im Mittelalter Wurzeln hat. Die Dome und Kirchen wurden von mehreren Generationen erbaut, und das Werkzeug dafür wurde weitergegeben und so ein Symbol für die innere Verbundenheit der Berufe und die darin gepflegten Fertigkeiten. Bei den Drechslern wurde dem Arbeitsgerät eine besondere Wertschätzung entgegengebracht, da es verschiedene Qualitäten der »Stähle« gab, und diese neben der Drehbank wesentlich für die Arbeit sind. Dies zeigt sich noch heute im persönlichen Verhältnis des Handwerkers zu seinem Gerät, obwohl dessen Qualität inzwischen standardisiert wurde. Zum persönlichen Bezug kann gehören, daß es sich um das Lehrlingswerkzeug handelt, mit dem

Seiler

| Vergolder | Goldschmiede | Goldschmiede in Osnabrück | Glaser | Glasmaler | Glasschneider |

man vertraut oder von dessen besonderer Qualität man überzeugt ist[14]. Dies kann dazu führen, daß ein Werkzeug nur zu besonderen Arbeiten verwendet und ansonsten geschont wird. Ein Grund für derartige Wertschätzungen liegt u. a. darin, daß mit bestimmtem Gerät wichtige Aufgaben gemeistert wurden und so einen symbolischen Gehalt darstellen bzw. ein Gefühl der Sicherheit vermitteln. Andererseits können bestimmte Arbeitsgeräte für den Beobachter besonders eindrucksvoll sein. So die Wippendrehbank der Drechsler, die früher mit dem Fuß mechanisch in Bewegung gehalten wurde, um das sich drehende Werkstück bearbeiten zu können[15]. Der Handwebstuhl hat eine ähnliche Ausstrahlung. Ein Gewirr von Fäden und Knoten wird durch geschickte Handhabungen zum gewebten Werkstück verarbeitet. Die eindringliche Wirkung eines solchen Arbeitsgerätes beruht wohl auch darin, daß man ursprüngliche Arbeitsweisen nachempfinden kann, bei denen zwischen der Herstellung und dem Produkt noch keine Arbeitsteilung und komplizierte Technik steht. Trotzdem muß der Webstuhl durch komplizierte Vorarbeiten zum Weben hergerichtet werden, und die unendliche Reihe der gleichförmigen Bewegungen, die der Weberin durch den Rhythmus der Maschine abverlangt werden, erfordert viel Ausdauer. Ein anderes interessantes Arbeitsgerät wurde früher von den Schuhmachern verwendet. Es war die Schusterkugel, die aus Glas gefertigt und mit Wasser gefüllt das Licht einer Öllampe oder Kerze verstärkte. In einer alten Schuhmacherstube konnte dieses Licht eine phantasieanregende Wirkung auf einen Besucher haben, zumal, wenn es glänzend auf den Schemel mit einem älteren »kauzigen« Handwerker gefallen ist und die Luft im Raum vom Geruch des Leders und des Pechs geprägt war[16]. Unter Berücksichtigung derartiger besonderer Stimmungen, die mit dem alten Handwerk verbunden werden können, sind auch die Arbeitstricks und Geheimkünste interessant, die als eine Art Betriebsgeheimnis geschützt wurden. Hinweise dazu finden wir z. B. bei Friedrich Friese, der 1708 von mehreren Handwerksberufen ein »Ceremoniel« herausgab, in dem jeweils die Zunftrituale und -gepflogenheiten dargestellt wurden. In einigen Fällen umfassen die Bändchen auch Anga-

Hufschmied

ben über spezielle Kunstgriffe, so bei den Tischlern: »Kunst-Stücke. Wie ein geschickter Tischler allerhand Bilder/Contrafaite und Landschaften in Kupffer gestochen/auf Schräncke/Köthen/Thresore und Kästgen bringen/und Lacquiren kan.« Bei den Buchbindern war ihre Kunst in Spruchform gestaltet, die der Lehrling über das Binden eines Buches hersagen können mußte[17]. In anderen Handwerken wurden Arbeitssubstanzen geheimgehalten und nicht ohne weiteres preisgegeben. So bei den Geigenbauern, die mit den Lacküberzügen den Klang der Geige bedeutend beeinflußten. Die Rezepturen wurden teilweise innerhalb der Familien weitergegeben, und einige besondere Mischrezepte sind noch heute bekannt[18]. Spezielle Rezepturen benötigt ebenfalls der Vergolder, bei dem gerade die Restaurationsarbeiten an wertvollen Einzelstücken eine intime Kenntnis der alten Stoffe erfordert. Bei den alten Glasarbeiten wurden derartige Kenntnisse besonders gehütet:

»Im Mittelalter war die Farbgebung von Gläsern ein in den Klosterhütten streng bewahrtes Arkanum. Neben dem oberflächlichen Vergolden der kostbaren Glasgefäße war auch eine dauernde Vergoldung mit Blattgold recht beliebt.«[19]

Der Schutz eines besonderen Wissens als Arkanum war im Mittelalter insbesondere bei den Alchemisten

Bildhauer — Töpfer — Schneiderzunft — Schmiedegilde in Göttingen — Amt der Schmiede in Hannover — Maurer und Steinhauer in Gotha

verbreitet, die u. a. glaubten, daß man Gold aus unedlen Metallen herstellen könnte[20]. Hierbei trat Fachwissen mit mystischen Gehalten gemischt auf, bis hin zu Zauberformeln, mit denen man die Naturkräfte beeinflussen wollte. Derartiges gab es bei den Schmieden in Form von »Geheimkünsten«. So finden wir in einigen Sagen Schwerter beschrieben, die aufgrund ihrer speziellen Herstellung und Herkunft ihren Träger unbesiegbar machen. Von Hufschmieden wurde früher angenommen, sie könnten Zaubersprüche mit in das Eisen hineinschmieden, die Gutes bewirken würden[21]. Das mit solchem Aberglauben verbundene Selbstwertgefühl der Handwerker war insbesondere als ständisches Selbstbewußtsein ritualisiert und auch sozial gegen Veränderungen festgefügt. Ein Beispiel hierfür wurde bei Friese genannt, wo der Sohn eines Schmiedes Doktor werden wollte und sich der Handwerker mit seiner Zunft darüber beriet. Das Ergebnis war:

»Wohl/ihr lieben Zunfft-Brüder/ weil es nicht herkommens ist/so soll auch mein Sohn der erste nicht seyn/der wieder die alten löbliche Gewohnheit/wieder das Herkommen sündigen soll/oder ich will ihm mit diesem Hammer die Hirnschale entzwey schlagen.«[22]

Ein Beispiel, an dem wir die stark bewahrende handwerkliche Mentalität erkennen können, die vor allem das Mittelalter geprägt hat. Andererseits war und ist das Handwerk auch ein Bereich gesellschaftlichen Lebens, mit dem sich soziale oder individuelle Utopien verbinden. So bei Rousseau, der als französischer Aufklärer im 18. Jahrhundert dem Handwerk für die Erziehung eine zentrale Rolle zuwies. In seinem »Emile« beschrieb er die Möglichkeiten einer idealen Erziehung, bei der ein ehrbares Handwerk wichtig zur Persönlichkeitsentwicklung ist. Allerdings war hierfür in Rousseaus Augen nicht jede handwerkliche Tätigkeit gleich geeignet. Ungeeignet erschien ihm der Bereich des Vergolders, des Stickers und des Lackierers. Am ehesten sah er im holzverarbeitenden Handwerk der Zimmerer und Schreiner die Voraussetzungen, um bei seinem »Zögling« Geschicklichkeit und Intelligenz auszubilden[23]. Auch bei Gatz ist das Handwerk ein wichtiger Bereich, in

Schreiner

dem die Menschen zur Selbstverwirklichung kommen können. Der Mensch bildet und entfaltet sich beim »Machen von Dingen«, bei dem er die Arbeit nicht als notwendiges Übel sieht, sondern durch das Handwerk einen Lebensmittelpunkt hat, in dem er Orientierung findet[24]. Ein ganz praktisches Verhalten hierzu finden wir in Alternativ-Projekten, die ihr Selbstbewußtsein und Streben nach Autonomie teilweise mit dem Handwerk verbinden. Dazu gehörten vor allem in den siebziger und achtziger Jahren Initiativen, die sich im Zusammenhang einer Gegenkultur verstanden, was sich nicht zuletzt in den besonderen demokratischen bzw. genossenschaftlichen Innenverhältnissen der Betriebe entfaltete[25].

All dies sind Hinweise darauf, daß das alte Handwerk sowohl eine wertvolle und lebensnotwendige Produktivität über die Jahrhunderte bewahrt hat und bewahren wird als auch im Kräftefeld moderner sozialer Veränderungen steht und hierbei seine Faszination gerade für junge Leute unter Beweis stellt. In diesem Sinne ist dieser Fotoband ein Beitrag zur fotografischen Visualisierung des heutigen alten Handwerks. Der Schwerpunkt liegt auf dem alltäglichen Geschehen, aus dem sozusagen typische und symbolische »Stichproben« entnommen wurden.

Hannover, 1993   Dr. Raimond Reiter

Der Besenbinder

Zusammengelegte Besenbündel

Vorbereitung des Reisigs

Fertig für den Stiel

Den aus Reisig handgefertigten Besen kennt kaum noch jemand aus eigener Anschauung. Heute wird er zuweilen noch in der Landwirtschaft, in Reitschulen und in einigen Industriebetrieben wie Kokereien und an Hochöfen verwendet.

Stärker als sein Gebrauch haben sich die Geschichten erhalten, die sich um ihn ranken. Nicht immer handeln sie gleich von einem jener raren Exemplare, mit dem die Hexen in der Walpurgisnacht zum gemeinsamen Treffen auf den Blocksberg — den Brocken im Harz — reiten. Der Volksaberglaube weiß um seine magische Kraft als Abwehrzauber: Auf das Dach einer Scheune gesteckt, soll er Unglück und Verhexung vom Bauern und seinem Vieh fernhalten. Als besonders glückbringend gelten Besen, die im 12. Monat des Jahres gebunden wurden. Und lange Zeit war es Brauch, zum Jahresbeginn oder mit Erwachen des Frühlings den alten Besen gegen einen frisch gebundenen auszutauschen.

Geschnitten werden die Baumreiser im Winter, während der Wachstumspause. Birke ist das bevorzugte Material. Für die Auswahl des Reisigs legt sich der Besenbinder einen Vorrat an, aus dem er zum Binden zwei Handvoll herausgreift und zum Besenbündel zusammenlegt. In früheren Zeiten, als leicht biegsamer Draht noch nicht verfügbar oder aber zu teuer war, wurde mit Weidenruten oder Haselnußgerten gebunden.

Eine hilfreiche Vorrichtung ist der vielverwendete *Besenbinderbock*, auf dem der Besenbinder rittlings sitzt, in Laufrichtung des durch eine Klammer geführten Bindedrahts. Das quer über dem Schoß liegende Reisigbündel mit beiden Händen umfassend, dreht er es in den Draht hinein, den er durch Schließen der Klammer am Bockende immer wieder befestigt und spannt. Dieses Spannen, unterstützt durch kräftiges Ziehen am Bündel, gibt der dreilagigen Wicklung die nötige Festigkeit.

Unser Besenbinder allerdings hat sein eigenes Patent. Von einem Deckenhaken läuft ein Stahlseil herab, schlingt sich um die Reiser und endet kurz vor dem Boden an einem länglichen Trittbrett. Dessen Belastung zieht die Seilschlinge und mit ihr das Reisigbündel zusammen, preßt und hält es, während der Besenbinder beide Hände für die separate Drahtwicklung frei hat.

Zum Schluß wird der Besenstiel angepaßt. Idealerweise ist er aus dem zähen Holz der Esche, woraus ein möglichst gerade gewachsenes Stämmchen geschnitten und mit einem Messer roh geglättet wird. Indem es mit seinem ungleichmäßig zugespitzten Ende in das Reisigbündel getrieben wird, bekommt der Besen zusätzlichen Halt.

Ist das Material gut vorbereitet, dauert die Anfertigung eines Reisigbesens nicht einmal zehn Minuten.

Das Reisig wird in die passende Form gebracht

Der Blaudrucker

Aufdrucken des Papps

Der Blaudruck ist eigentlich keiner — streng genommen jedenfalls. Denn gedruckt wird nicht mit Blau, sondern mit einem farbabweisenden, gelbgrünen *Papp,* der statt für Blaufärbung vielmehr für blaufreie Partien des Stoffes sorgt. Daher der für das Verfahren gebräuchliche Terminus technicus: *Reservedruck,* und die Bezeichnung des Druckpapps als *Reservage.*

Um 1550 soll Pieter Coecke van Aelst, ein holländischer Kunstmaler, die Kunde vom Blaudruck aus dem Orient nach Europa getragen haben. Aber erst ein gutes Jahrhundert später, als aus Indien zurückkehrende Handelsschiffe den heimischen Märkten blauen Kattun präsentierten, regte sich mit dem Geschäftssinn auch das Interesse am Verfahren. 1678 gründeten holländische Handwerker in Amsterdam die erste (urkundlich belegte) Blaudruckerei; auf deutscher Seite folgten ihnen elf Jahre später der Tuchscherer Heremias Neuhofer und der Färber Daniel Deschler in Augsburg. In der Folge entstanden vor allem dort Blaufärbereien, wo Flachs angebaut und Leinen erzeugt wurde. Zumal die ärmere Bevölkerung nutzte, da es billiger war als Stoffe mit gewebten Mustern, das Blaudruckleinen als Bettzeug, für Kleidung, Wandbehänge oder Tischdecken.

Als die *Druckmodel* noch aus Birnbaumholz geschnitzt wurden, stellten sie viele Blaudrucker selbst her. Bei neueren Druckstöcken hämmern Formstecher feine Metallstifte und -bänder in das Holz. Auf Metall haftet der Papp nicht weniger gut, und die im 19. Jahrhundert aufgekommenen Messingformen bieten neben größerer Haltbarkeit auch den Vorzug, feine Muster konturenscharf wiederzugeben.

Vor dem Färbegang

Der Blaudrucker

Zum Handdrucken wird der Papp mit einer Streichbürste im *Streichkasten*, genauer, auf dem in diesem Holzbehältnis befindlichen Polstereinsatz verteilt. Das Polster dient als Stempelkissen für das Model, wobei der Blaudrucker darauf zu achten hat, daß sein Druckstock die Reservage gleichmäßig aufnimmt und als sauberes Muster auf dem noch weißen Gewebe abdruckt.

Ist der farbabweisende Papp getrocknet, kann mit dem Färben in der *Indigo-Küpe*, einem zwei bis zweieinhalb Meter tiefen Bottich, begonnen werden. Dazu hängen die Stoffe, die Bahnen möglichst getrennt, in einem absenkbaren eisernen Reifen. Früher wurde der Stoff um die zehn Mal für jeweils zwanzig Minuten eingetaucht. Das mehrmalige Unterbrechen des Tauchvorgangs war nötig, da sich das aus indischem Blauholz gewonnene *Indigo* erst durch Oxydation tiefblau färbt. Dieser älteste und wichtigste organische Farbstoff ermöglicht echte, d. h. wasch-, licht- und wetterfeste Färbungen. So verdrängte er im Blaudruck das ursprünglich verwendete *Färberwaid*, eine aus den Blättern des Waids gewonnene Pflanzenfarbe.

Fertiger Blaudruck mit Model

Sammlung alter Druckmodeln

Heute dient Indigo, nachdem es bereits ab 1896 in synthetischer Form genutzt wurde, kaum noch zum Blaufärben. *Indanthrenfarben* sind an seine Stelle getreten. Sie erfordern nur einen kurzen Färbegang. Mit ihnen hat der Blaudruck aufgehört, bloß das zu sein, was sein Name besagt: Es wird nunmehr auch mit Altrosa, Gelb, Braun und Grün gefärbt. Bleibt, zur Vollendung des Werkes, das Spülen des gefärbten Stoffes. Eine schwache Schwefelsäurelösung löst den Papp ab, so daß zuletzt das abgedeckte — »reservierte« — Muster weiß erscheint. In den Anfängen des Blaudruckes zählten Jagden, Bauerntänze, vor allem biblische Szenen zu den bevorzugten Motiven. Ornamentale und florale Muster lösten sie im 19. Jahrhundert ab. Das Ansehen des Blaudruckers wuchs mit ihrem Besitz. Eine reiche Auswahl von Druckmodeln waren und sind sein Stolz und größtes Kapital.

25

Der Bootsbauer

Als Laie geht man wie selbstverständlich von einer grundlegenden Abfolge im Bootsbau aus — entsprechend laienhaft gesagt: Erst das Gerüst, dann das Drumherum. Wie ja auch der Dachdecker nicht nach den Schindeln greift, bevor der Dachstuhl steht. Doch der Bootsbauer muß durchaus nicht so verfahren. Etwa bei der *Klinkerbauweise,* wo, wie bei den alten Wikingerbooten, die Planken des Rumpfes überlappen. Hier werden die Spanten erst nachträglich, wenn die Planken bereits verbunden sind und dem Boot eine Form gegeben haben, für den Rumpf gebogen und in ihm befestigt.

Umgekehrt verhält es sich mit *kraweelgebauten* Booten. Die Planken werden Stoß an Stoß auf das Gerippe der Spanten genagelt. Sind es unelastische oder starke Hölzer, macht man sie zuvor in einer Dampfkammer biegsam. Zumal große Boote *beplankte* man von jeher auf diese sicherlich am weitesten verbreitete Art. Sie bietet sich an, wenn die Außenhaut des Rumpfes nach einer stabilisierenden Unterkonstruktion verlangt.

Der moderne Bootsbau allerdings kommt sehr wohl ohne Spanten aus. Und das nicht nur dort, wo er sich auf Rümpfe aus Metall oder Kunststoff verlegt hat. Um das Beispiel einer für Regatten typischen Bootsklasse zu nehmen: Der Rumpf eines Jollenkreuzers mit 15 m² vermessener Segelfläche besteht aus formverleimtem Sperrholz, die einzige massive Verstrebung ist der mittschiffs, wie ein Rückgrat längs durch das Boot verlaufende Innenkiel. Querstrebige Spanten braucht es nicht, da die Plankenstelle einnehmenden Sperrholzfurniere, vier an der Zahl, im Wechsel übereinander geleimt werden: quer und längs, zuweilen auch diagonal. An den Rumpf stoßende Einbauten — Kajütenwände etwa oder Kojen — tun ein übriges. Das Ergebnis ist eine in allen Richtungen feste Außenhaut. Im Unterschied zu Massivholz ist sie völlig dicht, kann beim Trocknen nicht schrumpfen und bleibt von nachträglicher Fugenbildung verschont.

Die vorbereiteten Holzplatten müssen an den Bootsrumpf angepaßt und in Schichten verleimt werden

Vorbereitung der Holzlatten

Gestalt erhält so ein Rumpf auf einer aus möglichst astfreien Holzleisten bestehenden Form — auch Kern oder Bock genannt —, die sich, einmal angefertigt, immer wieder als Modell nutzen läßt. In dieses Gerüst wird oben (denn man muß sich den vorerst noch imaginären Rumpf als kieloben daliegend vorstellen) der *Innenkiel* eingelegt. An ihm lassen sich dann auch die jeweils 2,5 mm dünnen Mahagonifurniere befestigen. Sie werden zunächst mit Metallkrampen fixiert, Holzstreifen für Holzstreifen »angeschossen«, nach unten gebogen und auf Höhe des späteren Bootsrandes erneut geklammert. Zum Verleimen der Furnierlagen wird der Rumpf mit einer Plane abgedeckt, das Ganze abgedichtet und ein Vakuum erzeugt. Der Unterdruck preßt die Holzstreifen an das Modell und paßt sie seiner Wölbung an. Insgesamt beansprucht der Klebevorgang gut drei bis vier Tage, da jede Schicht vor der Weiterbearbeitung durchhärten und der zwischen etwaigen Fugen hervorgetretene Leim mit einem Band- oder Schwingschleifer entfernt werden muß.

Jollen besitzen zwar den einfachen Innen-, nicht jedoch den an eine Bauchflosse gemahnenden *Ballastkiel*. An seiner Stelle sitzt ein (herausziehbares) Schwert. Es übt nur eine richtungsstabilisierende, keine aufrichtende Wirkung aus. Die Kajüte macht aus der Jolle den Jollenkreuzer. Der Mast ist kippbar und wird in der Mitte des Bootes auf die Kajüte gestellt, unter deren Dach eine Stütze sein Gewicht auffängt. Das Anbringen der Beschläge — Scharniere, Klampen, Rollen für die Leinen; mit einem Wort alles, was nicht aus Holz ist — gehört bereits zur Endfertigung des 6,5 bis maximal 8 Meter langen Jollenkreuzers. Das gilt auch für die Lackierung. Ein siebenmaliger Auftrag kann als Mittel gelten, das man heute mit Spezialharzen zu verringern sucht, doch selbst neun Lackschichten sind gar nicht so selten.

Arbeiten am Rumpf

Der Buchbinder

Alte Pergamenthandschrift

und Miniaturen illuminiert. Prächtig auch waren die Einbände, eine Arbeit der Goldschmiede kaum weniger als die der Buchbinder. Der Holzdeckel wurde mit Leder bezogen und gepunzt oder mit Edelsteinen besetzt. Im 16. Jahrhundert lösten Pappen die Holzdeckel ab. Rasche Verbreitung fand der für seine Geschmeidigkeit beliebte französische Leder- oder Halbledereinband, kurz *Franz* bzw. *Halbfranz* genannt.

Die Bücher aus den ersten Jahrzehnten nach Erfindung der Buchdruckerkunst im Jahre 1440 werden als Wiegendrucke oder *Inkunabeln* bezeichnet und sind heute besonders wertvoll. Um 1500 ist die Ausgestaltung des Buches mit Titelblatt, Illustrationen und Register in heutiger Form vollzogen. Bis 1570 war die Umstellung der Handschrift auf den Druck allgemein geworden. Etwa zur gleichen Zeit hatte sich diese einst klerikale Domäne vollends zu einem bürgerlichen Beruf gewandelt. Die Zahl der Buchdruckereien und -bin-

Die Ersetzung der fortlaufenden Papyrusrolle durch eine Abfolge von Einzelblättern hat sich in römisch-byzantinischer Zeit vollzogen. Das als Schreibgrund zunehmend bevorzugte Pergament ließ sich schlecht rollen, doppelseitig beschriftet und zu mehreren Lagen zwischen zwei Holzdeckel zusammengefaßt bildete es den *Codex*, die Frühform des Buches.

Bis ins 14. Jahrhundert hinein wurde in Deutschland ausschließlich auf Pergament (präparierte Tierhäute) geschrieben, erst 1390 entstand die erste Papiermühle in Nürnberg. Im frühen Mittelalter lag die Buchherstellung — wie das Schriftwesen überhaupt — bei den Mönchen, die sie als sakrales Kunsthandwerk pflegten: mit sorgfältig gemalten Initialen, die Seiten mit Ornamenten

An der Heftlade

dereien stieg an, man schloß sich in Zünften zusammen.

Die in Kleinbetrieben geübte Handbuchbinderei gliedert sich in folgende Arbeitsgänge: das Vorrichten der Druckseiten bis zum Buchblock, die Decken- bzw. Einbandherstellung, schließlich das Verbinden von *Decke* und *Block*, auch als Einhängen bezeichnet. Zunächst werden die großen, bis zu 32 Textseiten aufnehmenden Druckbogen mit Hilfe des Falzbeins zusammengefaltet. Einmaliges Falzen ergibt das Folioformat, zweimaliges das Quartformat, dreimaliges das Oktavformat. Ein Größenmaß ist das nicht: Die Höhe der Folioseite schwankt zwischen 35 und 45 cm. Nach dem Falzen werden die Bogen zum losen Buch zusammengelegt und auf richtige Seitenfolge hin geprüft *(kollationiert)*.

Das Heften erfolgt in der *Heftlade,* einem Rahmengestell, in dem die gefalteten Lagen aufgeschlagen, im Falz mit Nadel und Faden durchstoßen und mit den im Rahmen senkrecht gespannten Bandschnüren verknüpft werden. Überstehende Heftschnüre werden aufgefasert und über den leimbestrichenen Rücken verteilt, häufig vervollständigt ein hinterklebendes Textilgewebe die Heftung. Es folgen das Beschneiden des Buchblocks an der Vorderseite, Runden des Rückens mit Hammer oder Rundemaschine, abschließendes Beschneiden von Ober- und Unterseite. Hat man den Schnitt zum Schutz gegen Abgreifen gefärbt (wohl auch marmoriert oder vergoldet), den Einband gefertigt und mit einem Titeldruck verziert, kann der Buchblock in die Decke eingehängt werden.

Die alten Bindetechniken, die sich in einer achthundertjährigen Entwicklung ausgebildet hatten, wurden im vergangenen Jahrhundert durch die fortschreitende Mechanisierung verdrängt. Heute ist der Buchbinder aus Wettbewerbsgründen gezwungen, Bücher in rationeller Weise herzustellen. In der Massenanfertigung ist der Beruf des Industriebuchbinders entstanden.

Pilzbefall, Insektenfraß und Zerfallserscheinungen an Holz, Leder, Pergament oder Papier der alten Bücher in unseren Bibliotheken fordern den Handbuchbinder nach wie vor. Seine Kenntnisse der alten Techniken, seine Erfahrung in der Behandlung von Werkstoffen sind in der Restaurierung und Konservierung der Altbestände gefragt. Hier arbeitet er wie einst an der alten Heftlade, um die Buchblöcke auf Hanfkordeln zu heften, und benutzt die Klotzpresse, um die Bünde abzubinden. Vom Brotkäfer zerfressene Holzdeckel wechselt er gegen gedämpftes Buchenholz aus und fertigt neue Schließen aus Messing. Als Restaurator hat er sich mit den neuesten Methoden der Papierherstellung, z. B. der Entsäuerung, zu befassen. Naturwissenschaftliche Erkenntnisse muß er in die Praxis umsetzen.

Handvergolden des Buchrückens

Der Büchsenmacher

Arbeit am Schaft

Als Distanzwaffe findet die (Hand-)Feuerwaffe ihre Vorläufer in Bogen und Armbrust. Sichere Beweise für die Anwendung von Schießpulver in Metalläufen datieren auf das erste Drittel des 14. Jahrhunderts. Daß hundert Jahre zuvor der legendäre Mönch Berthold Schwarz (»Schwarzpulver«) das explosive Gemisch erfunden haben soll, gilt mittlerweile als überholte, wenn nicht gar als dem Fabelreich zuzuordnende Mär. Ein dem Schießpulver ähnliches Treibmittel, im wesentlichen gemischt aus Salpeter, Schwefel und Holzkohle, war bereits im 11. Jahrhundert den Chinesen bekannt, die damit allerdings ausschließlich ihrer Lust am Feuerwerk frönten. Für das christliche Abendland bezeugen der englische Philosoph und Naturforscher Roger Bacon und sein Zeigenosse, der 1280 in Köln verstorbene Gelehrte Albertus Magnus, ihre Kenntnis der Materie — auch ihre Schriften bleiben indes den Hinweis auf einen möglichen Gebrauch als Geschoßtreibmittel schuldig. Bei den ersten Feuerwaffen wurde das Pulver mit glühender Kohle oder einer glimmenden Lunte entzündet. Sie waren unhandlich, als Handkanonen nur von zwei Personen zu bedienen oder verlangten, wie die Muskete, aufgrund ihrer Länge nach einer Stützgabel beim Zielen. Es handelte sich durchweg um Vorderlader mit hinten geschlossenem Lauf. Stehend mußten Pulver und Kugel an der Mündung eingefüllt und die Ladung mit einem Ladestock festgestopft werden. Die späteren Hinterlader mit beweglichem Verschluß, die sich ohne weiteres im Liegen nachladen lassen, setzten den Schützen nicht nur weniger dem Feinde aus, sondern verkürzten überdies die Ladezeit erheblich.

Im Schloß der Waffe liegen denn auch die besonderen feinmechanischen Anforderungen an den Büchsenmacher. Es ist der Teil, der als Zündmechanismus verschiedene Federn und den Hahn (Hammer) integriert. Immer wieder wurde er zu verbessern gesucht: ausgehend vom Lunten- oder Schwammschloß über das Radschloß, das Schnapphahn- und das Steinschloß bis zum Perkussionsschloß. Bei letzterem traf der Abzugshahn auf ein Zündhütchen auf einem Zündkegel, beim Steinschloß wurde ein Feuerstein gegen einen Feuerstahl geschlagen, um den zur Zündung der Treibladung nötigen Funken zu erzeugen. Die heutigen Selbstspannerschlosse wie Blitzschloß und Seitenschloß profitieren von der fortgeschrittenen Patronenentwicklung, sie liegen innen statt außen, werden von der Seite eingelassen und vom Schaft verdeckt.

Ohne Präzisionswerkzeug können die Bauteile der Waffen nicht hergestellt werden

31

Der Büchsenmacher

Nacharbeiten an Schaft und Schloß

Bei der Bedeutung mechanischer Zündvorrichtungen verwundert es wenig, neben Sporen- und Uhrmachern vornehmlich Schlosser unter jenen zu finden, die sich im 16. Jahrhundert zur eigenen Zunft der Handbüchsenmacher zusammenschließen. Auch in den Anfängen des Feuerwaffenbaus waren seine Handwerker aus verwandten metallverarbeitenden Zweigen gekommen. Besonders Schmiede, Kannen- und Glockengießer verstanden sich auf die junge Kunst. Die ersten Schußrohre wurden aus Bronze gegossen, für die Handfeuerwaffen ging man jedoch recht bald zu Schmiedeeisen als Material über. Vorzügliche Proben der Laufschmiedekunst geben alte Jagdbüchsen, deren Läufe aus Eisen- und Stahlbändern gemacht sind. Die Bänder wurden erhitzt, gedoppelt, übereinander gefaltet und dann um einen Dorn gewickelt. Auf ihm ließ sich die dabei entstandene Spirale zum rohen Lauf schmieden, indem die Windungen entweder mit den Rändern überlappend oder Kante an Kante zusammengefügt wurden.

Heute übernimmt eine drehbankähnliche Hämmermaschine diese Arbeit: Über einen eingespannten Kaliberdorn wird ein Laufrohling geschoben und dann an Hämmern vorbeigeführt, wobei er nicht allein seine äußere, sondern auch seine innere Gestalt erhält. Dieses Innere, die Bohrung des Laufs, wird fachsprachlich Seele genannt; gefaßt wird sie von den Seelenwänden. Im Unterschied zur glattwandigen Flinte besitzt die

Gewehrlauf mit Bauteilen

Büchse einen gezogenen Lauf, d. h., in ihren Seelenwänden verlaufen Einschnitte *(Züge)* nach Art eines Innengewindes. Mit ihrem Aufkommen — wahrscheinlich Mitte des 16. Jahrhunderts — hat die Büchse aufgehört, Sammelbezeichnung für alle Feuerwaffen zu sein. Den Zügen verdankt sie wesentlich Schußweite und Treffgenauigkeit. In bezug auf Steigung und Größe der Züge spricht man von Drall — und einen Drall, nämlich eine Rotationsbewegung um die eigene Längsachse erhalten auch die Geschosse, was sie befähigt, gleich Pfeilen mit der Spitze voran zu fliegen.

Ungeachtet aller technikbedingten Spezialisierungen — dem klassischen Berufsverständnis nach muß, wie es bündig heißt, jeder Buchsenmacher »die ganze Büchse selbst herzustellen verstehen«. Noch gegen Ende des vorigen Jahrhunderts verlangte das Gesetz eine Lehrzeit von vier bis sechs und eine Wanderschaft von drei Jahren.

Der Bürstenmacher

Borsteneinzug – rechts die Abteilmaschine, davor eine Rolle Phosphor-Bronzedraht

Einpassen der Borstenbündel

Zu den weitgehend von der Industrie verdrängten Berufen gehört der des Bürstenmachers. Über Jahrhunderte hinweg versorgte er, meist als handeltreibender Handwerker, Haushalte, Handwerker und landwirtschaftliche Betriebe mit Bürsten der unterschiedlichsten Art: Kleider- und Schuhbürsten, Haar- und Nagelbürsten, Tapezierbürsten, Mehlbesen, Schrubbern, Straßen- und Zimmerbesen, Tassenbürsten oder speziell geformten Bürsten für das Reinigen von Flaschen und Ballons.

Das Wort Bürste geht auf das mittelhochdeutsche *borst* zurück, was »Gesamtheit der Borsten« bedeutet. Die ursprüngliche Borste stammt vom Hausschwein oder von dessen wilden Artgenossen. Verwendet werden vor allem die Kammborsten vom Rücken des Tieres. Aber auch das seidenweiche weiße Ziegenhaar, das schmiegsame Maultier- und Roßhaar, das edle Dachshaar, ja sogar Federkiele, gespalten und geschliffen, werden zu Bürsten verarbeitet.

Immer häufiger ersetzen Borsten aus Nylon oder Perlon diese Naturmaterialien. Eine handgemachte Haarbürste mit Wildschweinborsten oder ein Rasierpinsel aus Horn, besteckt mit dem Rückenhaar des Silberdachses, sind Luxusgegenstände geworden — die, gut gepflegt, ihren Besitzer mit einer Lebensdauer von mehr als zehn Jahren belohnen. Wer auch dann auf das gute Stück nicht verzichten mag, kann es sich sogar neu bestecken lassen.

Neben den tierischen Borsten wird immer noch (oder wieder) pflanzliches Einzugsmaterial verarbeitet. Ursprünglich Vorläufer des billigen Materials aus der Retorte, entstehen daraus vor allem Bürsten »fürs Grobe«: Fasern der Sisalagave oder der Kokospalme werden für Besen und Handfeger genommen, Reiswurzeln für Schrubber, Bahia, die feste Faser des Rotholzes, für kräftige Straßenbesen.

Zur Befestigung der Borsten gibt es verschiedene Methoden. Am einfachsten ist es, den Bürstenkörper als »Ganzes« zu verarbeiten, wie bei der gepichten oder gestanzten Bürste. Bei dieser als *Rauharbeit* bekannten Weise werden die Borstenbündel an einem Ende mit einem dünnen, aber starken Faden umwickelt und in die nur ³/₅ tief gebohrten Bürstenlöcher *eingepicht*, d. h., mit einem Klebstoff (früher Pech) eingeklebt. Oder aber sie werden als ungebundenes Bündel von doppelter Länge über einen u-förmigen Drahtanker gelegt und mit diesem in das Bürstenloch *eingestanzt*.

Die *eingezogene Arbeit* dagegen setzt durchgehende Bürstenöffnungen voraus. Zum Einpassen der Borsten entnimmt der Bürstenmacher einer Abteilmaschine ein portioniertes Bündel, das er mit Hilfe eines feinen Phosphor-Bronzedrahtes (früher auch Messing) in die sich verengenden Löcher des Bürstenkörpers einzieht. Der Draht wird dabei fortlau-

fend verarbeitet und erst am Ende, nach vollständiger Bestückung der Bürste, verknotet. Wird aber, wie bei einer feineren Arbeit, z. B. Haar *verdeckt* eingezogen, benutzt er keinen Draht, sondern einen Seidenfaden. Die Löcher sind hierbei wie bei der Rauharbeit 3/5 tief gebohrt, darüber hinaus aber durch eine Längsnut miteinander verbunden. In diese wird ein Seidenfaden eingeführt und mit einer Häkelnadel in jeder Öffnung herausgezogen. In die sich bildende Schlinge lassen sich die Haarbündel einlegen und -ziehen.

Die Stärke des einzelnen Bürstenbündels, ihre Anzahl und Anordnung hängt ab von Material und Verwendungszweck der Bürste. Mit einer Abschermaschine werden zum Schluß die Bürsten und Besen auf die entsprechende Länge gerade geschnitten.

Neben den heute vorherrschenden Kunststoffen wird für gewöhnliche Gebrauchsgegenstände zum Reinigen im Haushalt vor allem Holz von der Weide und Pappel verarbeitet. Hölzer mit schöner Maserung und Färbung: Birke, Eiche, Erle, Kastanie, Birn-, Kirsch- und Nußbaumholz, natürlich auch Edelhölzer, Buchs, Olive, Zeder, Rosenholz (und immer noch das Holz tropischer Bäume) finden für anspruchsvollere Bürsten ebenso Verwendung wie Horn. Als Antiquitäten kann man neben denen aus Edelmetallen auch noch Exemplare aus Elfenbein, Knochen oder Zelluloid entdecken.

Bürsten und Besen für den Haushalt

Der Drechsler

Des Meisters Drehstähle sind griffbereit sortiert

An der Drehbank

Zu einem der ältesten Handwerke zählt das Drechseln. Bis ins klassische Altertum läßt es sich zurückverfolgen. Über die Jahrhunderte wirkten sich die unterschiedlichen Stilepochen immer wieder auf die wirtschaftliche und gesellschaftliche Stellung des Drechslerhandwerks aus. Die Renaissance schätzte seine Kunst, detaillierte und räumliche Formgebungen zu verwirklichen. Da alle Schöpfungen des Drechslers einen runden Querschnitt besitzen, zeigen sie Ebenmaß und Symmetrie — anders als die nicht an eine Drehbank gebundenen, freien Schnitzereien. Dies mag erklären, warum der in organische Formen verliebte Jugendstil das Drechslerhandwerk nicht hochhielt.

Einst war der Drechsler ein gefragter Mann, der seine Mitwelt mit den Gebrauchsgegenständen des täglichen Bedarfs ausstattete. Zudem waren hölzerne Becher, Schalen, Schüsseln und Teller für den schmalen Geldbeutel erschwinglicher als Geschirr aus Porzellan. (Ein Sachverhalt, der sich mittlerweile gründlich verkehrt hat.) Darüber hinaus führt der Drechsler Auftrags- und Teilanfertigungen für andere Handwerker durch: Radnaben für den Stellmacher, Blockflötenkörper für den Holzblasinstrumentenbauer, Stuhl- und Tischbeine, Streben für Geländer und Balustraden, Werkzeuggriffe, Klöppel, Kegel, Garnrollen usw.

Zahlreich wie die Produkte sind auch die Materialien. Gedrechselt werden Holz, Horn, Knochen, Stein (wobei allerdings der Steinschleifer ein eigenständiger Beruf ist), in den Werkstätten des Industriezeitalters auch Kunststoff und Metall. Bei den frühen *Wippdrehbänken* folgte auf jede Umdrehung ein gegenläufiges Zurückspulen in die Ausgangsposition, so daß der Drechsler sein Schneidewerkzeug immer wieder absetzen mußte. Die Verbindung von Fußantrieb, Schwungrad und Getriebe ermöglichte später eine kontinuierliche Kraftübertragung auf das Werkstück. Von dem Prinzip wird sich jeder eine gute Vorstellung machen können, sofern er nur Gelegenheit hat, unsere alten fußgetriebenen Nähmaschinen laufen zu sehen. Heute hat hier wie dort Motorkraft den Antrieb übernommen.

Der klassische Werkstoff des Drechslers ist Holz. Es muß gut abgelagert — und das heißt: einige Jahre lang getrocknet werden, will man nicht später am Produkt auftretende Risse oder Verwerfungen in Kauf nehmen. Bevorzugt werden Hölzer mit einer schönen Maserung wie Birne, Walnuß, Kirsche oder Eibe.

Für die Anfertigung einer Schale wird von einem massiven Stück Naturholz ein quadratisches Brett abgeschnitten und mit einer Säge grob gerundet. Die Dicke des Brettes bestimmt die Höhe der Schale. Wurde einst, auf Kosten des unbearbeitet bleibenden fixierten Bereichs, der Schalenrohling selbst in die Drehbank eingespannt, so dient jetzt einfach ein aufgeklebtes Stückchen Abfallholz als Haltepunkt, um den Verschnitt massiven und teuren Holzes zu reduzieren.

Die Wahl seines wichtigsten Arbeitsgerätes, der *Drehstähle* (Drehmeißel und Drehröhre), trifft der Drechsler danach, ob er die Innen- oder die Außenseite des Werkstücks zu bearbeiten hat. Dafür besitzen die Ausdrehstähle verschieden gebogene Klingen. Mit ihren bis zu 60 cm langen Griffen läßt sich eine starke Hebelwirkung erzeugen. Der Drechsler kann sie auf eine Auflage stützen und den Stahl fest und zugleich kontrolliert führen. Begonnen wird mit der Außenseite der künftigen Schale, das überschüssige Holz weggedrechselt, bis sie ihre Form erhalten hat, sodann der Drehmeißel gewechselt und die Prozedur für die Innenseite wiederholt. Der Feinschliff bleibt dem Sandpapier überlassen. Die abschließende Politur mit Öl oder Bienenwachs — auch sie zumeist am rotierenden Werkstück — schließt die Poren und schützt vor Feuchtigkeit und Fett. Doch ist der Effekt nicht nur ein praktischer: Die Maserung des Holzes tritt hervor, und die Schale bekommt einen intensiven Glanz.

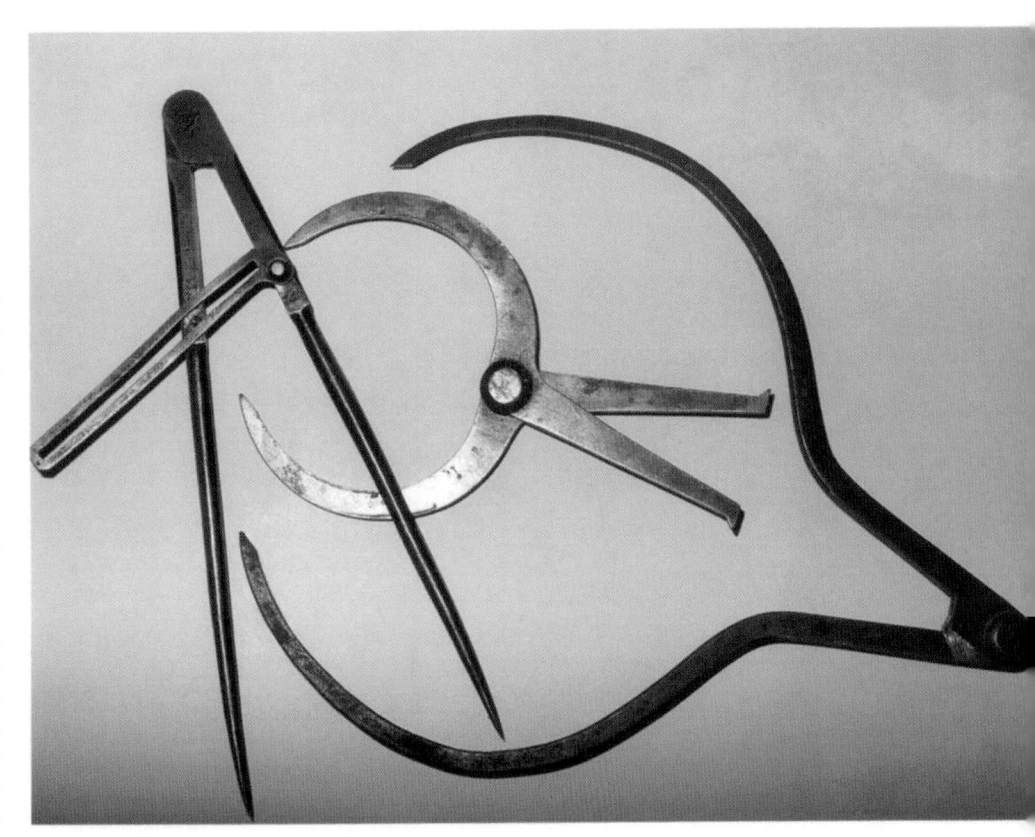

Zur traditionellen Arbeitsweise des Drechslers gehören verschiedene Zirkel und Abtaster.

DER EISENGIESSER (GIESSEREIMECHANIKER)

Das glühende Arbeitsmaterial

Kupfer und Zinn, Gold und Bronze wurden im Vorderen Orient schon vor 5000 Jahren geschmolzen. Die *Eisengießerei* dagegen ist jünger, in Mitteleuropa erst 600 Jahre alt. *Roheisen,* wie es für das Gußverfahren nötig ist, läßt sich nur bei hohen Temperaturen erzeugen. Und erst, nachdem man es verstand, Wasserkraft zur Erzeugung von Gebläsewind zu nutzen, konnte im Ofen die dazu erforderliche Temperatur erreicht werden.

Geschützkugeln waren die ersten aus Eisen gegossenen Gegenstände (Ulrich Beham in Memmingen 1383). Später folgten auch Gebrauchsgüter wie eiserne Rohre und Ofenplatten. Englische Eisengießer gossen Ende des 18. Jahrhunderts erstmals Bahnschienen und schwere Schiffsgeschütze. Seitdem ist Gußeisen der vorherrschende Werkstoff im Maschinenbau.

Die heutigen Gießereien produzieren vorwiegend große Stückzahlen und arbeiten vollautomatisch. Doch für besonders schwergewichtige Gußteile und Kleinserien bedient sich der Gießereimechaniker, der moderne Nachfahre des Eisengießers, immer noch des überlieferten *Handgußverfahrens.* Überwiegend handwerklich arbeitend, stellt er Maschinenteile (z. B. für Turbinen oder den Anlagebau) her.

Die Vorbereitung eines Gusses ist aufwendig. Zunächst muß die Gußform hergestellt werden. Dafür fer-

Der Formkasten wird gefüllt

tigt der Modellbauer aus Holz, Aluminium oder Kunststoff ein *Modell* des späteren Stückes an. Für den handgeformten Guß wird es in einen eckigen Eisenkasten, den *Formkasten*, gelegt und bis zur Hälfte mit Formsand umgeben. Darauf setzt man einen zweiten Formkasten und füllt auch ihn mit Sand, so daß die obere Hälfte des Modells ebenfalls umhüllt ist. Heute bedient man sich des nahezu flüssigen Furanquarzsandes, früher mengte der Eisengießer zur Abhärtung des Sandes Kohlenstaub, Harz o. ä. bei. Soll ein Werkstück mit Hohlraum gegossen werden, bedarf es zudem einer Form für den Kern.

Das Modell hinterläßt, nachdem es entfernt worden ist, einen exakten Abdruck, der nun als Form dient. Um die porige Oberfläche des Sandes eben und glatt zu bekommen, wird auf diese Negativform eine Alkohol- oder Spiritusschlichte aufgetragen und abgebrannt. Für den eigentlichen Eisenguß müssen nun noch die Gußkanäle in den Sand gebohrt werden.

Rotglühend, mit mehr als 1250° Celsius, fließt das Eisen nach dem Anstich aus dem *Kupolofen* in die tragbare *Handpfanne.* Mit diesem an einer langen Eisenstange angebrachten und mit Ton ausgekleideten Kübel wird das flüssige Metall vorsichtig und gleichmäßig in die Form gegossen.

Erstarrt hat das Eisen die Form des gewünschten Gußstückes angenommen. Nach dem Erkalten wird es aus der Form herausgezogen, *geputzt* und *entgratet.* Sandstrahlkies entfernt den noch anhaftenden Sand, Gußnähte und Unebenheiten werden geglättet.

Die Arbeit des Eisengießers war buchstäblich Schwerstarbeit. Schwer war die Gießpfanne mit dem flüssigen Metall, und bis zu sechs Zentner wogen nicht selten die fertigen Gußstücke. Neben der Kraft erforderte es Geschick und Erfahrung, die Form herzurichten, den Ofen zu befeuern und bei richtiger Temperatur zu halten. Geübt muß sein, wer das Eisen so zu gießen versteht, daß es keine Blasen bildet und keine Spannungen und Risse auftreten. Was nicht aus dem sprichwörtlichen »einen Guß« ist, rechnet zum Ausschuß — weshalb sich selbst ein kurzes Absetzen der Pfanne streng verbietet.

Für den Gießereimechaniker hat sich wenig verändert. Oft aber wiegen Handgußteile ein Vielfaches der früheren. Ein bis sechs Tonnen müssen dann — allerdings nicht mehr nur mit Muskelkraft — bewegt werden. Neben den handwerklichen Fertigkeiten gewinnen heute für den Gießereimechaniker die Kenntnisse der Eigenschaften von Formstoffen und Gießmetallen zunehmend an Bedeutung.

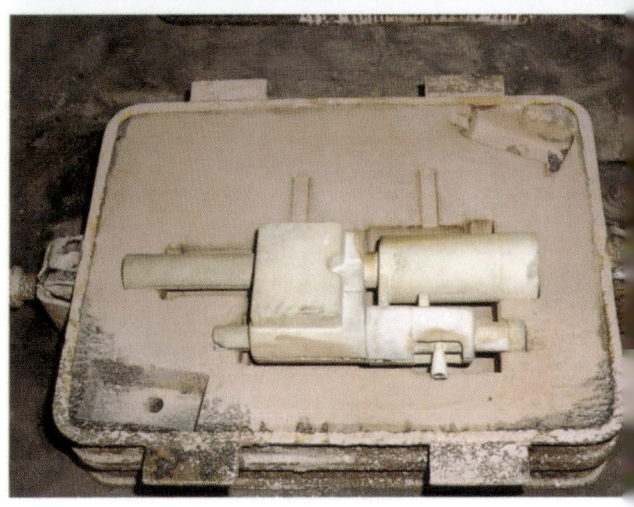

Ausgehärteter Sand

Das Modell des zukünftigen Werkstückes

Der Geigenbauer

Der Augenschein fällt ein eindeutiges Urteil: Heutige Meister im Geigenbau arbeiten besser und sauberer als die alten, vielgerühmten des 17. und 18. Jahrhunderts. Jedenfalls soweit es um die handwerkliche Ausführung geht. Lauter Glanzstücke. Doch was ist mit ihrem Klang, verglichen mit einer *Amati, Stradivari, Guarneri*, mit einer Geige von Jakob Stainer oder Matthias (Egidius) Klotz, dem Gründer der Geigenbauschule in Mittenwald? Wollte man auch da hochgemut von Fortschritt reden?

In Deutschland werden Geigen seit über 300 Jahren gebaut. Ihre europäische Entwicklung ist älter, sie beginnt, als im 11. Jahrhundert der Streichbogen entdeckt und an Zupfinstrumenten erprobt wird. So könnte man die uns vertraute »taillierte« Gestalt der Geige, ihre Einschnürung, als Resultat jener Erprobungen ansehen, zumal sie eine bessere Bogenführung ermöglicht. Mit Handlichkeit allein ist allerdings die vorbildliche längliche Geigenform nicht erklärt. Rund etwa dürfte sie schon deshalb nicht sein, da erst die lange Form es zuläßt, daß sich Schwingungsfelder für die unterschiedlichen Frequenzen bilden können.

Der Klang der Geige ist ein eigen Ding. Das fängt beim Holz an. Möglichst enge Jahresringe soll es haben und lange, zehn Jahre wenigstens, abgelagert sein. Von Antonio Stradivari erzählt die Legende, er habe seine Geigen aus den Planken oder Ruderblättern alter Galeerenschiffe gemacht. Er wollte Holz, das nicht mehr »arbeitet«, nicht mehr schrumpft oder quillt, da sich die Klangqualität mit den inneren Spannungen des Materials verändert.

Das feste, dem Holzwurm trotzende und dabei elastische Ahornholz wird für den Geigenboden, die Seitenwände (Zargen), den Hals des Instruments und das gewundene Zierstück am Ende, die Schnecke, genommen. Noch vor der Schnecke sitzt der Kopf mit dem Wirbelkasten. Je zwei Löcher in seinen Wänden links und rechts nehmen die Wirbel auf, die zum Befestigen und Stimmen der vier Saiten dienen. Die Wirbel sind aus Ebenholz, genauso wie das auf die flache obere Halsseite geleimte Griffbrett und der ganz unten am Klangkörper befestigte Saitenhalter. Eine Profilansicht der Geige zeigt, daß beide, Griffbrett und Saitenhalter, zwar weit in den Deckenbereich hineinragen, dort aber nirgends aufruhen. Anders der zwischen den beiden f-Löchern sitzende Steg. Um sei-

Die wenige Zentimeter großen Hobel müssen beim Zargenbau feinfühlig eingesetzt werden

Die Formgebung ist Präzisionsarbeit, da die Bauteile später zusammengefügt werden müssen

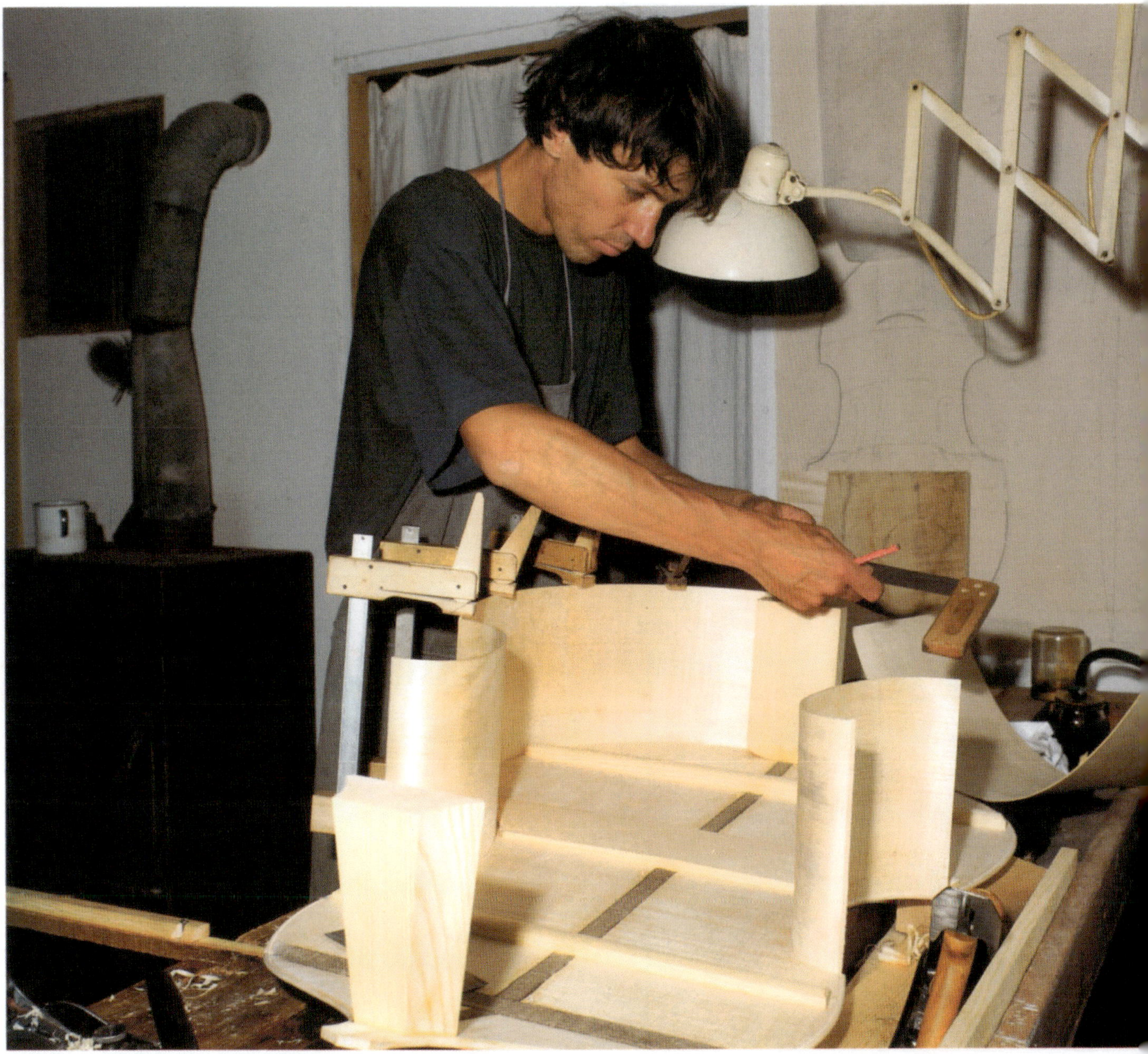

Der Geigenbauer

nen Einfluß auf das Schwingungsverhalten zu mindern, steht er auf zwei Füßchen statt auf der gesamten Unterkante.

Eine Winzigkeit unter dem rechten Stegfuß ist die Seele des Ganzen — die *anima,* wie die Italiener sie heißen. Der Deutsche spricht von Stimmstock oder einfach nur Stimme. Noch die schönste Geige kann ohne dies kleine Fichtenstäbchen nicht klingen. Eingeklemmt (nicht etwa verleimt) zwischen Decke und Boden sorgt es für die Impulsübertragung und bildet zudem einen regelrechten Knotenpunkt, von dem aus das Schwingungsfeld jeder einzelnen Saite gesteuert wird.

Für die auch als Resonanzboden bezeichnete Decke hat sich Fichte als das beste Material erwiesen. Daß ein so weiches Holz dazu taugt, darf verwundern, denn immerhin nimmt die Decke den Stegdruck und den gesamten Saitenzug auf: Mehr als 15 Kilogramm sind dies bei Darmbespannungen, bei Stahlsaiten (Thomastik) sogar über 26 Kilogramm. Die zweiteilige Decke wird daher so verleimt, daß die engsten Jahresringe des Holzes in der Mitte zu liegen kommen. Auch sollten beiden Hälften — übertrieben gesagt — einen Giebel bilden, folglich die längs durch die Deckenmitte verlaufende

Ziehklingen, Hobel und Feilen gehören zur vielfältigen Palette der Arbeitsmittel

Leimfuge gegenüber den durch Einlagen markierten Rändern leicht erhöht sein. Wichtig für den Klang ist die Stärke von Boden und Decke. Sie ist nicht homogen, vielmehr auf Höhe des Stimmstocks am kräftigsten ausgebildet. Von da aus nimmt sie zunächst etwas ab, gegen den Rand hin dann wieder zu.

Natürlich kann man einen Geigenkörper auch freihändig bauen, die Zargen befeuchten, mit dem heißen Biegeeisen biegen und sie ohne Zuhilfenahme eines Modells mit Oberklotz, Unterklotz und den vier Eckklötzen verleimen. Meist aber empfiehlt es sich, die Zargen dazu auf eine massive Form aufzuziehen (wie es schon bei den alten Cremoneser Meistern Brauch war), woraufhin man ihnen den Boden anpassen kann. Langwierig, nämlich gut 120 Stunden beanspruchend, bleibt der Bau einer Geige in jedem Fall. Sorgsam müssen für eine paßgerechte Verleimung die einzelnen Teile gehobelt und geschnitzt, mit Ziehklingen geglättet und mit Schleifpapier (früher Bimsstein und Schachtelhalm) geschliffen werden. Geigenbauer, die das Geheimnis ihrer Lacke sorgsam hüten, gibt es nach wie vor. Doch daß sich der Zauber der Stradivari letztlich einer wundersamen Lackierung verdanke, glaubt niemand mehr.

Die letzten Justierungen am fertigen Instrument

Der Gerber

Entfleischen am Schabebaum

Was wir als Leder bezeichnen und wertschätzen, ist nicht einfach eine von Haaren befreite Tierhaut. Sich selbst überlassene Häute trocknen aus, werden hart und brüchig. Sie feucht zu lagern, hilft wenig, fördert nur eine andere Art des Verfalls: das Verrotten. Um die Felle der Tiere zu konservieren, müssen ihre von Verwesung bedrohten Teile entfernt bzw. umgewandelt, müssen gewalkt, geklopft, gescheuert, gar geschmeidig gekaut (Naturvölker jedenfalls sollen sich darauf verstehen) oder aber entsprechend dienstbaren Substanzen ausgesetzt werden — mit einem Wort: man muß sie gerben.

Im Mittelalter waren drei Arten von Gerbern bekannt, die *Loh-*, die *Weiß-* und die *Sämischgerber*, deren Verfahren sich durch die Gerbmittel unterschieden. Für starke Ledersorten, wie sie der Lohgerber verarbeitete, kamen pflanzliche Gerblösungen zur Anwendung. Die Rinde von Fichten oder Eichen wurde zerstampft und in Wasser eingeweicht. Hier löst sich der zentrale Wirkstoff, das Tannin. Es treibt das Wasser aus den Hautporen, umschließt die Fasern und verhindert als Säure, daß durch innere Kristallisation das Leder verhärtet. Loh- oder auch rotgerbt heißt das Leder nach der rötlichbraunen Farbe, die es erhält. Das weiße Produkt der Weißgerber wird durch mineralische Stoffe, besonders Aluminiumsalze, erzielt. Öle und Fette wiederum sind es, die bei der Sämischgerbung zu einem weichen gelblichen Leder führen.

Die Verarbeitung von Rinderhaut für den Bauern berechtigte einst den Gerber, einen Teil der Haut für sich zu behalten. Es war der Lohn für eine harte und nach heutigen Begriffen äußerst unappetitliche Arbeit. Bezeichnenderweise hatten sich die Gerbereien meist am Rand der Städte anzusiedeln, da sie das Wasser stark verschmutzten und der von ihnen ausgehende Geruch empfindlichere Nasen beleidigte. Zur Enthaarung der Felle, dem ersten Arbeitsschritt, hätte eine Schur mit dem (an ein überdimensioniertes zweigriffiges Rasiermesser gemahnenden) Enthaarungseisen nicht ausgereicht. So wurden sie in der Regel zunächst einer Kalkpaste ausgesetzt, anschließend für zwei Wochen in eine *Beize* aus Hundedung, Tauben- oder Hühnermist eingelegt, dann gewaschen und von Fleischresten, Fett und

Sehnenhäuten gesäubert. Nun erst folgte das eigentliche Gerben, wobei die Häute je nach Dicke monatelang in Bottichen mit Gerblösung ruhten. Heute hat sich, unter Verwendung moderner Technologie und einer Kalium-Sulfat-Lösung anstelle des Wasser-Rinden-Extrakts, dieser Zeitraum auf wenige Tage verkürzt. Bei der traditionellen Gerbung mit natürlichen Ingredienzien war ein Dreivierteljahr durchaus die Regel. Auch weiß die Zunft von der Gerbung einer fünf Millimeter dicken Elefantenhaut zu berichten, die vier Jahre in Anspruch nahm.

Die moderne handwerkliche Gerberei wird vor allem für die Trophäenverarbeitung und zur Pelzveredelung eingesetzt. Auch hier wird das abgezogene Fell mit Chemikalien behandelt, um es geschmeidig zu erhalten und vor Verwesung zu schützen. Es wird entfleischt und im Säurebad *(Pickel)* aus Salzsäure oder Ameisensäure »aufgeschlossen«. Gegerbt wird mit einer Haut und Haar gleichermaßen konservierenden Fett-Gerbstoff-Salz-Lösung.

Danach werden die Felle getrocknet und mit Maschinen gestreckt. Der Arbeitsgang nennt sich *Bakeln.* Dabei wird das Material *ausgestoßen* und *fertiggemacht,* was bedeutet, daß das Fell eine möglichst gute Ausdehnung und Form erhält, die es von Natur aus nicht hat. Schließlich werden die Felle *geleutert,* d. h., in einer Trommel zusammen mit feinem nichtharzenden Sägemehl und Lösungsmitteln entfettet.

Zu den alten Arbeitsgeräten gehört die Kürschnerbank, die zur Pelzveredelung benutzt wird, und der Gerberbaum. Auf ihm werden die Felle nicht nur entfleischt, sondern auch dünngeschnitten, z. B. zur Bearbeitung von Kaninchen-, Fuchs- oder Wildschweinfellen. Das Dünnschneiden erfordert viel Erfahrung und Geschick. Es ist entscheidend für die spätere Qualität des Materials, das bei diesem Arbeitsgang eine möglichst gleichmäßige Stärke bekommen soll.

Sowohl die Arbeit am Gerberbaum als auch das Bakeln erfordern Kraft und Geschick

Der Glasbläser
(Glasapparatebauer)

Die älteste Verarbeitungsmethode von Glas ist das Blasen mit dem Mund. Sie hat sich bis heute kaum verändert. Der Mundglasbläser arbeitet direkt am Schmelzofen. Mit der Glasbläserpfeife — das ist ein etwa anderthalb Meter langes, unten stark verdicktes, oben mit Mundstück und einem Holzgriff versehenes eisernes Rohr — entnimmt er dem Ofen einen Posten zähflüssigen Glases, gerade soviel, wie er für die zu blasende Form braucht. 20 Kilogramm markieren die Obergrenze, eine wahrhaft schweißtreibende Arbeit. Bei ständigem Drehen in einer Holz-, Stein- oder Eisenform *(marbeln)* wird das sogenannte *Kübel* zur Form ausgeblasen. Nach dem Erstarren trennt der Mundglasbläser den Körper von der Pfeife, setzt eventuell Henkel an und schneidet das überstehende Glas mit der Rundschere ab. Nach etwa zweistündigem Abkühlen kann mit dem Beschleifen, Bemalen oder Gravieren begonnen werden.

Mit industriell vorgefertigten Glasröhren, Flachgläsern und Kapillaren arbeitet der Glasapparatebauer. Vom schwergewichtigen Hantieren am Ofen ist er verschont: Er bläst, in der Regel sitzend, vor der Flamme eines Gebläsebrenners. Die Gläser, die er herstellt, sind zweckgebunden: Spezialanfertigungen für wissenschaftliche Institute können es sein, Laborgeräte, Liebigkühler oder Destillationsapparaturen.

Erhitzen eines Rundkolbens

Blasen am Werkstück

Kontrolle mit der Schieblehre

In der 1200 bis 1600° Celsius heißen Flamme wird das Werkstück unter ständigem Drehen gleichmäßig erhitzt und so weichflüssig gehalten, daß es bearbeitet werden kann. Einen Rundkolben bläst der geübte Glasapparatebauer bei ständigem Drehen auf einer Graphitkohleform. Sie ist die halbierte Negativform des späteren Kolbens und gewährleistet beim Blasen, daß sich die vorgegebene, standardisierte Größe genau einhalten läßt. Zur Kontrolle der vorgegebenen Abmessungen dient ihm eine Schieblehre. Kleine Öffnungen oder Einstülpungen, wie sie für eine Destillationskolonne nötig sein können, bringt er mit Stichel und Pinzetten an. Zum Halten eines heißen Werkstücks während der Bearbeitung benutzt er die *Kluppe*, ein handliches Werkzeug mit vier Haltearmen auf einem Holzgriff. Ein Rollbock kommt zur Anwendung, wenn besonders schwere Teile zwischen den einzelnen Bearbeitungsschritten und bei wiederholtem Erhitzen abgesetzt werden müssen.

Laborgeräte sind besonderen Anforderungen ausgesetzt. Denen müssen die Materialien entsprechen. Neben dem temperaturbeständigen Duranglas ist besonders das Quarzglas geeignet. Es ist resistent gegen extreme Temperaturschwankungen und Chemikalien, für ultraviolettes Licht durchlässig und frei von inneren Spannungen. Wegen seiner Widerstandsfähigkeit hohen Temperaturen gegenüber muß es zu seiner Verarbeitung aber auch bis auf 2000° Celsius erhitzt werden.

Fertige Apparatur

Das thüringische Stützerbach kann als die Wiege des chemisch-technischen Laborglases gelten. Hier entstand 1830 das erste Thermometer Deutschlands, die ersten Glühlampen wurden hier produziert und Spezialgläser für die Röntgenröhre.

Wären uns Produkte aus Glas nicht so selbstverständlich, das Material nicht so alltäglich geworden, man möchte die Herstellung und Verarbeitung dieses transparenten Stoffes aus den profanen Bestandteilen Quarzsand, Kalk und Soda für Zauberei halten.

Der Glasschleifer und -Graveur

Polieren eines Pokals am Radstuhl

Die wohlhabenden Bewohner Pompejis sollen bereits 60 Jahre v. Chr. verglaste Fenster besessen haben. In Deutschland entstanden im 10. Jahrhundert unter klösterlicher Obhut erste Glashütten, die farbiges Plattenglas für die Verglasung der Fenster in Kirchen lieferten. Aber noch 500 Jahre später ist ein verglastes Hausfenster eine Besonderheit, und bis ins 19. Jahrhundert hinein gehört Glas zu den Luxusartikeln. Das änderte sich erst, nachdem man es verstand, den Rohstoff *Soda* (der neben *Kalk* und *Sand* zur Herstellung benötigt wird) künstlich herzustellen.

Das Ansehen der Glaser und die Wertschätzung ihrer Produkte haben auch in der modernen Welt einen Wandel erfahren. Die sie kennzeichnende industrielle Massenproduktion gibt es natürlich nach wie vor. Doch während lange Zeit die Herstellung von einfachen Gebrauchsgütern im Vordergrund stand, werden heute von ihm für den Kunden individuelle Glasgegenstände entworfen, ist er Schleifer und Graveur.

Am Radstuhl lassen sich Gläser, Pokale, Karaffen, kurz, Hohlgefäße aller Art mit Zier- und Kunstschliff versehen. Die Abfolge der Arbeitsschritte erfordert, daß der Glasschleifer verschiedene Schleifscheiben oder -steine einsetzt. Für die Montage besitzen sie innen eine Bleifassung. Dem *Vorreißen* des rohen Stück Glases auf einer rotierenden Siliciumkarbit- oder besandeten Eisenscheibe folgt der Feinschliff, das *Feinmachen* mit Naturstein oder Edelkorund, wobei es beispielsweise Façonfacetten erhält. Selbst für die Politur gilt: Alle Arbeiten sind sogenannte abtragende Tätigkeiten, bei denen der Glasschleifer darauf zu achten hat, nicht zuviel wegzunehmen. Dem Polieren an der Pappelholzscheibe schließt sich als letzter Arbeitsgang das *Filzen* an. Auf ein Filzrad wird dazu Polierweiß, Polierrot oder Eriumoxyd aufgetragen. Steinchen- oder Diamantgravuren entstehen freihändig an der Graviermaschine. Die feinste

Art der Gravur wird mit einem Kupferrädchen und wie Paste angewischtem Schmirgel in das Objekt geschliffen.

Ende des 16. Jahrhunderts, nach der Erfindung des farblosen Kristallglases, ersetzten gläserne Spiegel schnell ihre Vorläufer aus poliertem Gold, Silber oder aus Bronze. Die Entwicklung ging von Venedig aus, als man dort entdeckt hatte, wie durchsichtige Glasscheiben durch auf die Rückseiten aufgebrachtes Amalgam spiegelnd zu machen seien. Den Manufakturen von Murano verhalf dies zu einem europäischen Monopol, von dessen Ruhm es noch heute zehrt.

Große Spiegelglastafeln konnten erst hergestellt werden, nachdem 1665 in Paris die erste Spiegelbläserei, 1688 die erste Spiegelgußfabrik entstanden war. Spiegelglas gehört zum Flachglas, bei dem es von Stärke und Größe der Scheiben abhängt, ob sie vom Glasbläser oder maschinell hergestellt werden. Für dickere Tafeln und größere Abmessungen kommt nur das Gieß- oder Walzverfahren in Frage, dessen unschätzbarer Vorzug in besonders verzerrungsarmen Spiegeln liegt.

Für einen Spiegel mit geraden Rändern besorgt das Zuschneiden *(Sägen)* eine Schneidemaschine. Ist ein Spiegel mit Rundungen geplant, wird von Hand gesägt. Für das Schleifen *(Säumen)* der rauhen Kanten flächiger Werkstücke setzt der Glasschleifer die Flachmaschine in Bewegung. Auf ihr dreht sich waagerecht ein nach seiner Herkunft benannter *Rhein-Main-Stein,* ein roter Sandstein von 20 cm Dicke und 60 cm Durchmesser. Der zarte Stein ermöglicht einen brillanten Facettenschliff. Zum Zwecke der Politur wird anstelle des Steins ein Körper aus Pappelholz eingesetzt. Der Glasschleifer erzeugt mit ihm einen schönen Oberflächenglanz.

Für einen Venezianerspiegel, eine Intarsienarbeit aus Spiegelglas, werden die zahlreichen Teile solange eingeschliffen, bis sie ineinander passen und montiert werden können. In faszinierenden Farben und Mustern spiegelt er die Welt wider.

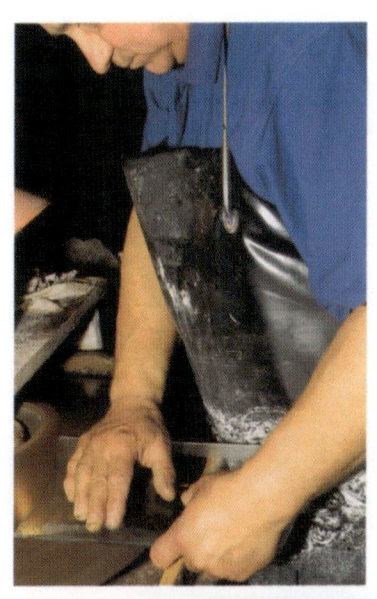

Arbeit an der Flachmaschine

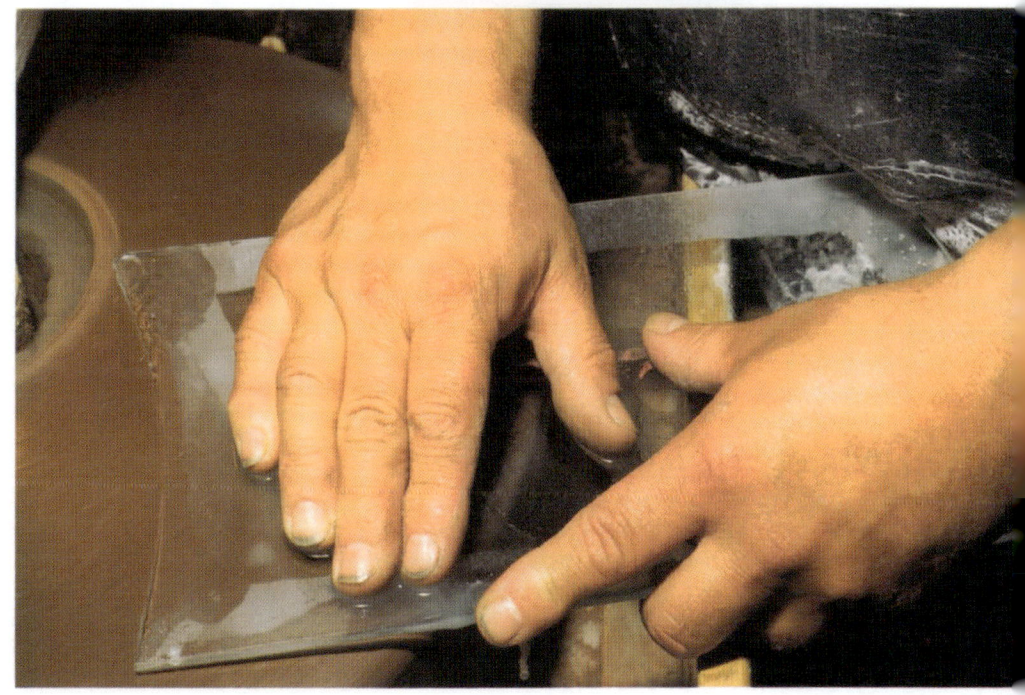

49

DIE GLASMALERIN

Die traditionelle Verwendung der Glasmalerei geschieht für religiöse Motive

Die ersten Nachrichten über Glasmalerei führen nach Tegernsee und Reims. Fast gleichzeitig kamen dort im ausgehenden 10. Jahrhundert bemalte Fenster auf, die ältesten erhaltenen befinden sich im Augsburger Dom. Ihre in den Klöstern entwickelte Technik gewann in der Gotik große Bedeutung, deren Baumeister die geschlossene Mauerfläche in Pfeiler und Fenster auflösten. Den Platz des dabei verdrängten Wandgemäldes nahm das *musivische* Glasbild ein.

Gerade die gotischen Fenster besitzen starken Symbolgehalt, weisen durch ihre ausgeprägte Höhe und Farbigkeit auf die Pracht des himmlischen Jerusalem hin. Das Eindringen des Sonnenlichtes in den dunklen Kirchenraum steht gleichnishaft für den Bund zwischen Christus und der Kirche. Die Fenster selbst versinnbildlichen die Rolle Marias, die nicht an sich, sondern erst durch den göttlichen Sonnenstrahl leuchtet, den sie empfängt. Als Hintergrund bei den für die Frühzeit typischen Medaillons mit kleinfigurigen Bibelszenen war vor allem Blau beliebt. Mit der Spätgotik nehmen naturalistische Züge zu, Vollkörperlichkeit der Figuren und perspektivische Raumdarstellung verbinden sich oft mit kühn verschlungener Ornamentik. Abstrakte Farbglaskompositionen erfreuten sich in den fünfziger Jahren unseres Jahrhunderts einer gewissen Beliebtheit. Heute droht die Glasmalerei zu verschwinden, und es dürfte wenig tröstlich sein, daß sie schon einmal, in der Zeit vom Barock bis zum Klassizismus, völlig darniederlag.

Bereits der Tuscheentwurf im Maßstab 1:10, diese erste faßbare Äußerung der künstlerischen Idee, enthält alle wesentlichen Details des zu schaffenden Werkes: Das Motiv ist nicht nur zeichnerisch umrissen, auch die Farben sind gewählt, ihre Verteilung definiert. Von der Malerei auf einzelnen Glasscheiben muß als zusätzliche Technik die Verbleiung mehrteiliger Arbeiten unterschieden werden. Der Entwurf hält dann auch die Linien der Bleiruten fest, mit denen die farbigen Gläser zusammengesetzt werden.

Dem kleinformatigen Entwurf schließt sich die Werkzeichnung im Originalmaßstab an. Sie wird auf einen Karton gepaust, aus diesem wiederum werden Schablonen geschnitten, die die exakte Form der später zu verbleienden Glasteile haben müssen. Der Witz dabei: Eine doppelschneidige Schablonenschere nimmt den eingezeichneten Bleikern fort, er fällt heraus. Zum Glaszuschnitt nach der Schablone dienen Diamanten oder Stahlrädchen. Komplizierte Formen werden mit dem Diamanten nur angerissen. Eine Kröselzange entfernt das überschüssige Glas.

Vorerst geben die zugeschnittenen Gläser das Bildmotiv nur in Umrissen wieder. Auf die Werkzeichnung gelegt, lassen sich nach dieser Vorlage dann auch die feineren Binnenformen konturieren, wobei die Glasmalerin das dunkle *Schwarzlot* (eine Farbe auf der Basis von Eisen- oder Kupferoxyden) mit dem *Schlepper* aufträgt, einem langgebundenen Konturenpinsel. Heute ist das Schwarzlot fabrikmäßig gummiert, haftet und härtet daher schneller als das alte, selbstangemischte.

Die malerische Bearbeitung erfolgt, nachdem die konturierten Glaselemente mit einem Gemisch aus Kolophonium und Bienenwachs auf eine klare Glasscheibe zum einheitlichen Bild geklebt, das Ganze mit einer graubräunlichen Überzugsfarbe beschichtet, in die Staffelei gestellt und

50

vor dem Fenster postiert wurde. Lichteinfall und -wirkung sind so kontrollierbar. Die Überzugsfarbe muß so gummiert sein, daß sie sich bearbeiten läßt, denn nun beginnt die Glasmalerin, in Negativtechnik die Lichter herauszuwischen: die größeren mit Handballen und Finger, zartere mit Borstenpinsel oder Pinselstiel. Gänsefeder und Nadel werden bei feineren Radierungen benutzt. Für die malerische Gestaltung ist die Arbeit am Überzug die wichtigste. Sie schattiert das Werk. Erst nach Vollendung der Schattierung kommt das Kolorit, darunter das Silberlot, dessen strahlendes Gelb sich schon den Mönchen empfahl. Damit nichts ineinander verläuft, muß jeder Farbauftrag im Ofen gebrannt werden. Bei 750—800° Celsius schmilzt er in die Glasoberfläche ein. Begünstigt wird diese feste Verbindung durch die besondere Chemie der Farben, die alle auf einem Metalloxyd basieren.

Zuletzt wird verbleit. Früher gossen Glasmaler ihre *Calmen* selbst, heute werden die Bleiruten als Doppelprofile in Form eines H fabrikgefertigt. Auf diese Weise besitzt die Rute zwei Führungen *(Backen)* zur Aufnahme des Glases. Die Bunde werden mit Zinn verflötet, die Führungen mit einem Kittmesser an das Glas gedrückt *(angerieben)*, auf der Rückseite überdies mit Kitt gefüllt. Als eigenständige Technik zeigt sich der Bleiriß in der reinen Bleiverglasung, wo das Blei alle Konturierung übernimmt. Die Scheiben sind entweder durchgefärbt oder besitzen eine dünne farbige Glasschicht auf weißem Glasgrund. Auch diese *Überfanggläser* lassen sich mit einer Negativtechnik schattieren. Mit Flußsäure ätzt die Glasmalerin das dünne Farbglas bis auf den weißen Grund fort und erhält so das Spiel zweier Farben.

Das fertige Glasbild zeigt erst im durchscheinenden Licht seine ganze Schönheit

Die letzten Feinarbeiten runden die künstlerische Arbeit ab

51

Der Goldschmied

Der Entwurf

Der Goldschmied — ist er Künstler oder Handwerker? Wer als Kunst nur die freie, keinen äußeren Zwecken dienstbare Gestaltung gelten läßt, das Handwerk wiederum streng auf Sach- und Nützlichkeit verpflichtet — der wird den Goldschmied schwerlich zuzuordnen wissen. Denn dessen Bearbeitung der Edelmetalle Gold und Silber, in neuerer Zeit auch Platin, gibt in ihrer jahrtausendealten Tradition zahlreiche Proben eines ebenso dekorativen wie technischen Geschicks, von Kunstsinn und manueller Fertigkeit gleichermaßen. Schmuckstücke aus altägyptischen Königsgräbern zeigen mit Edelsteinen und Glasflüssen durchbrochene Arbeiten; glänzend verstanden sich ihre Schöpfer aufs Granulieren oder Einlegen, auch auf die Goldlötung. Meister des Filigranen waren die Etrusker. Zeugnisse der funktionalen, auf Zweckmäßigkeit gerichteten Formgebung hingegen sind eher jüngeren Datums — wie etwa die Produkte der Wiener Werkstätten oder des Dessauer Bauhauses. Auf die Frage »Kunst oder Handwerk?« antwortet ein Drittes: *Kunsthandwerk*, und so betont man denn auch beim Goldschmieden das eine so gut wie das andere und spricht geläufigerweise von Goldschmiedekunst.

Klingender Amboß und rauchende Esse, diese Kennzeichen der Schmiede finden sich auf ihre Weise auch hier. Gold ist ein weiches Metall und läßt sich zu hauchfeinem Blattgold schlagen, weshalb es in der Regel mit härterem Silber oder Kupfer legiert wird. Für die Arbeit mit dem Hammer bedarf es daher der Esse nicht. Doch ganz ohne Glut und Hitze geht es nicht ab: Silber und Gold werden zuweilen gegossen. In Modellen aus Buchsbaumholz oder Wachs lassen sich Ornamente, Figuren und Geräteteile gießen. Den harten Amboß ergänzt eine weiche Unterlage, meist eine Bleiplatte, nachgiebig genug, um auf ihr mit dichtgesetzten Hammerschlägen Rillen, Kanten, Buckel herauszutreiben. Neben dem Hämmern ist die Arbeit mit der Punze, einem Stahlstift zur Formung erhabener Figuren, eine be-

Erhitzen des Werkstückes

52

vorzugte Methode — wie überhaupt das *Treiben* als die materialgerechteste Bearbeitungsweise gilt.

Gestanzt wird, indem dünne Edelmetallplatten zwischen zwei Bronze- oder Eisenformen gepreßt werden, von denen die eine das Muster als Positiv (erhaben), die andere als Negativ (vertieft) enthält. Zum *Prägen* dient der Stahlstempel, *Gravuren* lassen sich ätzen oder mit dem Stahlstichel eingraben, die Feinarbeit des *Ziselierens* wird mit Meißel, Feile und Ziselierstift durchgeführt. Vom *Tauschieren* spricht man, wenn dünne Gold- oder Silberstreifen durch Einhämmern mit einem anderen Metall verbunden werden. Auch das *Vergolden* kann auf kaltem Wege geschehen. Einen unablösbaren Goldüberzug allerdings erhält man weit besser durch die Feuervergoldung, wo in Quecksilber gelöstes Gold auf einen Gegenstand gestrichen und dieser im Feuer erhitzt wird, das Quecksilber sich verflüchtigt und das Gold als feste Schicht zurückbleibt.

Feines Werkzeug für edles Material

Über Jahrhunderte hinweg stand die Kunst des Goldschmieds im Dienst der Kirchen und Herrscherhäuser, bis zur Etablierung des Bürgertums waren sie seine alleinigen Auftraggeber. Für den sakralen Gebrauch verzierte er Kreuze, Kelche, Patenen, Monstranzen, Leuchter, schuf er kostbare Reliquienschreine und Altarverkleidungen. Die weltliche Seite des Handwerks glänzte mit Prunk- und Tafelgerät (Pokalen, Bestecken, Kannen, Schalen) und in der Schmuck- und Geschmeidekunst (Dosen, Uhrgehäuse, Ketten, Ringe, Diademe). Ähnlich wie die Buchbinderei, der sie zuarbeitete, entfaltete sich die Goldschmiedearbeit in den Klosterwerkstätten zu größter Blüte. Und namentlich beim farbigen Verzieren großer Buchdeckel ist es auch, daß eine weitere Spezialität des Goldschmieds sich beweisen kann: beim Edel- und Halbedelsteinbesatz. Die Kleinodien werden entweder im Metall von kleinen Rändern wie in einem Kasten (*Kastenfassung*) oder aber bloß von Metallstegen gehalten, so daß das Licht durch sie hindurchscheinen kann. Die Musterbildung aus solchen von Stegen gehaltenen und regelmäßig beschnittenen Steinen oder Glasstücken wird als *Zellenmosaik* bezeichnet. Auch Perlen finden Verwendung. Heute kommt es vor, daß unter gestalterischen Gesichtspunkten Holz, Schiefer, Gewebe, Kupfer und auch Plastikmaterialien neben den traditionellen Metallen eingesetzt werden. Sie schaffen reizvolle Kontraste.

Der Holzbildhauer

Eine große künstlerische Blütezeit für die *Holzbildner* war das Mittelalter. Im Auftrag der Kirche schufen sie monumentale Kruzifixe, Madonnenfiguren und Altarbilder. Ihre Kunst wird gerühmt, ihre Namen gehören der Kunstgeschichte an.

Aus der Not geboren wurde dagegen das Gewerbe des *Holzschnitzers.* Seit 1850 entwickelte es sich als eine der zahlreichen Hausindustrien, die den Menschen, die von dem Ertrag der kargen Böden nicht mehr zu leben vermochten, eine Nebeneinkunft erbrachte, die für viele zum Haupterwerb wurde. In Rhön und Eifel hat es sich noch erhalten. Charakteristische Produkte dieser Region sind die kleinen Figuren der Weihnachtspyramiden, Holzspielzeug und Pfeifen.

Das Holzbildhauerhandwerk, wie es heute besteht, hat sich erst von 1870 an entwickelt. In ihm verbinden sich die handwerkliche Arbeit mit der des freien Formers. Bis zur Mitte des 19. Jahrhunderts stellt ein Stuhlbauer beispielsweise ein Sitzmöbel komplett selbst her. Erst seine Spezialisierung läßt neben dem Beruf des Polsterers, Beizers, Polierers auch den des Holzbildhauers entstehen. Er ist es auch, der von nun an die hölzernen *Formen* herstellt: Für den Blaudrucker die Druckmodeln, Stempel für Seifensieder zur Prägung ihrer Seifenstücke, Butter-, Kuchen- und Keksformen (z. B. für Spekulatius) für Bäcker und bald auch für den bürgerlichen Haushalt.

Heute stellt er Stilmöbel ebenso her wie Füllungen in Türen und hölzernen Wandpaneelen. Im Auftrag der Industrie baut er Modelle, etwa die maßstabsgerechte Vergrößerung eines winzigen Schaltmoduls auf stattliche 3 x 4 Meter — und dies für nur eine Messewoche. Auf die Ewigkeit dagegen verweist eine Arbeit ganz anderer Art: In der Werkstatt eines

Arbeit am Schleierwerk

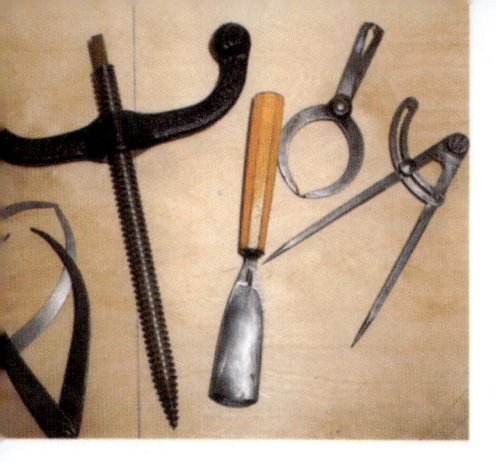

**Abtaster, Figuren-
schraube, Rundeisen,
Tanzmeister,
Zirkel (von links)**

Holzbildhauers entstehen auch Grabmale und Vortragekreuze, die von Gläubigen der orthodoxen Kirche einem Trauerzug vorangetragen werden. Eine andere traditionsreiche Aufgabe des Holzbildhauers ist die Restaurierung und Neuanfertigung von Reliefs und Ornamenten für Spreng- und Laubwerke an Altären sowie Chorgestühl.

Wie der Bildhauer benutzt auch der Holzbildhauer einen *Knüpfel* — in seinem Fall ist das ein Holzhammer mit zylindrischem Kopf —, um verschieden geformte Holzbildhauereisen *(Geißfuß, Ball-, Flach-, Hohl- und Rundeisen)* zu treiben. Mit ihnen haut er zunächst die Grundform heraus. Einzelheiten werden mit den feineren Schnitzeisen ausgeführt und mit Messern, Raspeln und Glaspapier geglättet.

Handelt es sich um eine vollplastische Arbeit, benutzt er die *Figurenschraube*, eine Vorrichtung, mit der er das Werkstück so befestigen kann, daß eine Bearbeitung von allen Seiten möglich ist. Die dafür notwendige Bohrung wird später mit einem Zapfen verschlossen. Der Plastik geht in der Regel ein Modell aus Gips oder Ton, das *Bozzetto*, voraus.

Vorzugsweise arbeitet er mit Holz, seltener auch mit Weichgestein. In Skandinavien und im Norden Deutschlands ist es Eichenholz, in Süddeutschland das der Linde, in den Alpenländern wird gern Arvenholz, Obstbaum- und besonders das harte Buchsbaumholz verarbeitet.

Eine typische ornamentale Arbeit ist die Herstellung des *Schleierwerks* einer Kirchenorgel. Dieses durchbrochen gearbeitete Relief im oberen Teil des Instruments dient nicht nur der Zierde, es hat vor allem die Aufgabe, den Schall in der Orgel zu halten und den Orgelkorpus mitklingen zu lassen. Nach den technischen Plänen des Orgelbauers entwirft der Holzbildhauer das Ornament. Die Vorgaben des Orgelbauers (die etwa lauten könnten, 30 Prozent der Fläche durchbrochen zu arbeiten) geben seinem Entwurf den Rahmen.

Voraussetzungen anderer Art trifft er an, wenn es sich um die Replik einer alten Orgel handelt. Hier muß er Stil und Ausführung dem Vorbild anpassen. Für jedes Detail seines Entwurfs fertigt er eine genaue Werkzeichnung im Maßstab 1 : 1 an, die er mit Pergament- und Blaupapier auf das ausgehobelte und verleimte *(zugerichtete)* Eichenbrett überträgt, bevor er mit der eigentlichen Schnitzarbeit beginnen kann.

Anders als die Oberfläche des Schleierwerks oder die der Holzplastiken in Innenräumen, die unbehandelt bleibt, werden Grabfiguren vor Verwitterung geschützt. Befreunden aber mag sich der Holzbildhauer nicht mit dem, was er da aufträgt. Eigentlich sei es doch, meint er als Freund eines lebendigen Materials, eher ein Vergiften als ein Schützen.

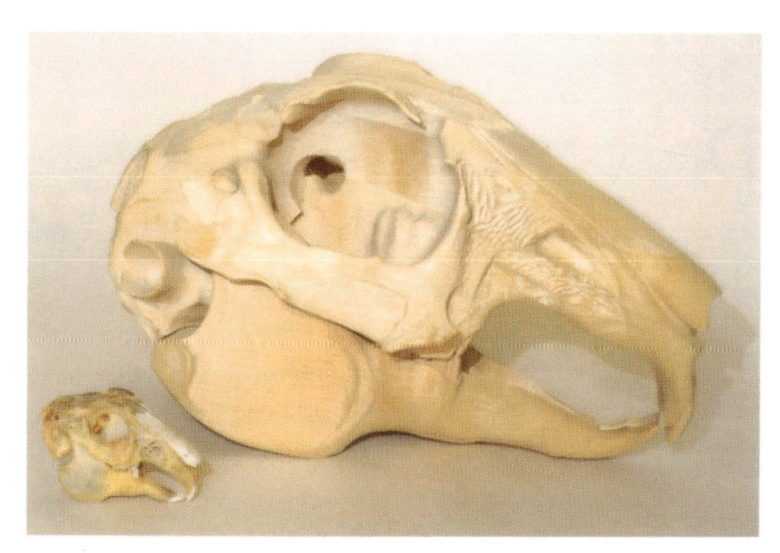

**Meisterstück:
Kaninchenschädel
im Großformat**

55

DER HUFSCHMIED

In der Esse wird das Werkstück auf die richtige Temperatur gebracht

Das Standeszeichen des Schmieds ist der Hammer, Werkzeug und Bedeutungsträger zugleich. Den Germanen galt er als heiliges Gerät. Auf magische Weise, so sprach man es dem Schmied zu, könne er damit Diebe und Feinde erschlagen. Als Wurfgegenstand spielte der Schmiedehammer bei Landvermessungen und Grenzziehungen eine zentrale Rolle. Ein *Hammerwurf* war ein Längenmaß. Noch vor nicht allzu langer Zeit war der Schmied ermächtigt, Ehen zu schließen »wie er Eisen zusammenschmiedet«. Oder man denke daran, wie noch heute der Schlag mit dem Hammer eine Sache besiegelt; bei Versteigerungen, Grundsteinlegungen, bei Gericht.

Beim Schmieden einer Kappe (Aufzug) muß die Hufgröße berücksichtigt werden

Auf alten Zunftwappen ist der Beschlaghammer, der zum Lösen der Hufeisen und -nägel eine nach unten gebogene und gekerbte Finne besitzt, oft im Verein mit Greifzange und Locheisen zu sehen. Vielzahl, Variantenreichtum und Langarmigkeit der Zangen fallen dem Besucher einer Schmiede besonders ins Auge. Jeder Schlag mit dem gedrungenen Falz- oder dem mächtigen Vorschlaghammer soll sitzen, ein stets fester Zangengriff und ein schützender Abstand zum glühenden Werkstück tun not. 1000° Celsius und mehr muß das Eisen heiß sein, wenn es der Schmied aus der von einem Gebläse angefachten Glut der Esse nimmt, auf dem Amboßhorn seine Biegung ändert oder über der Kante der Amboßbahn eine Kappe herausarbeitet. Hufe haben ihre je eigene Größe und Gestalt — wehe, wenn der Beschlag nicht paßt! Ist daher das alte Eisen mit der einer Kneifzange ähnelnden Abnehmzange entfernt worden, die Hornschicht mit dem Hufmesser geschält und frisch geglättet, wird zunächst ein Abdruck des neuen, noch glühenden Eisens in den Huf gebrannt. Auf diese Weise liegt es nicht nur künftig besser an, sondern der Schmied kann auch erkennen, ob er vor dem Beschlagen die Paßform noch verändern muß.

Das glühende Eisen wird dem Huf angepaßt

Der Hufschmied

Als noch keine Maschinen die Arbeit der Reit-, Last- und Zugtiere taten, war der Hufschmied ein vielbeschäftigter Mann. Lebte er auf dem Lande, ohne die in den Städten häufigere Nachbarschaft von Kunstschmied oder Kunstschlosser, hatte er überdies ein Alleskünstler zu sein, der sich auf die Reparatur landwirtschaftlichen Geräts verstand, Wagenreifen aufzuziehen, Eggenzinken und Sensen zu schmieden wußte. Seine Sache war es auch, die Blätter der Spaten und die Klingen der vielfälti-

Schlagen des Nagelloches mit Locheisen oder Lochräumer

gen Haumesser, Hippen, Sicheln oder Äxte so zu härten, daß sie geschliffen werden konnten. Dazu wurden die glühenden Werkzeugschneiden kurz in Wasser abgeschreckt und auf einen heißen Stahlblock gelegt, wo sie sich verfärbten: von Hell- zu Dunkelgelb, dann Blau und Braun. Nach dem Braun nahm das Metall die Farbe von Honig an, für den Schmied ein Zeichen, es erneut abzukühlen, diesmal in Öl. Will man den gegenteiligen Effekt, nämlich einen weicheren Stahl als zuvor, darf er nicht abgeschreckt werden, sondern muß nach dem Erhitzen langsam erkalten.

Die Zeit, da der Schmied seine Hufeisen von Grund auf selbst zu schlagen hatte, ist vorbei. Mittlerweile wird mit Rohlingen gearbeitet, die bereits die typische U-Form besitzen und deren Schenkel schon Nagelfalz und Nagellöcher aufweisen. Noch 1925 wurden in Deutschland 244 108 Schmiede gezählt, darunter 45 685 selbständige. Allein das Hufeschmieden konnte diese Handwerker, um deren Ansehen es, geschichtlich gesehen, meist besser bestellt war als um ihr hart erarbeitetes Einkommen, schon damals nicht ernähren. Und heute? Es ginge wohl, meint unser Schmied, nur müsse man dann mit Esse und Amboß von Reithalle zu Reithalle ziehen.

Auch der Beschlag des Pferdes erfordert Kraft und Geschicklichkeit

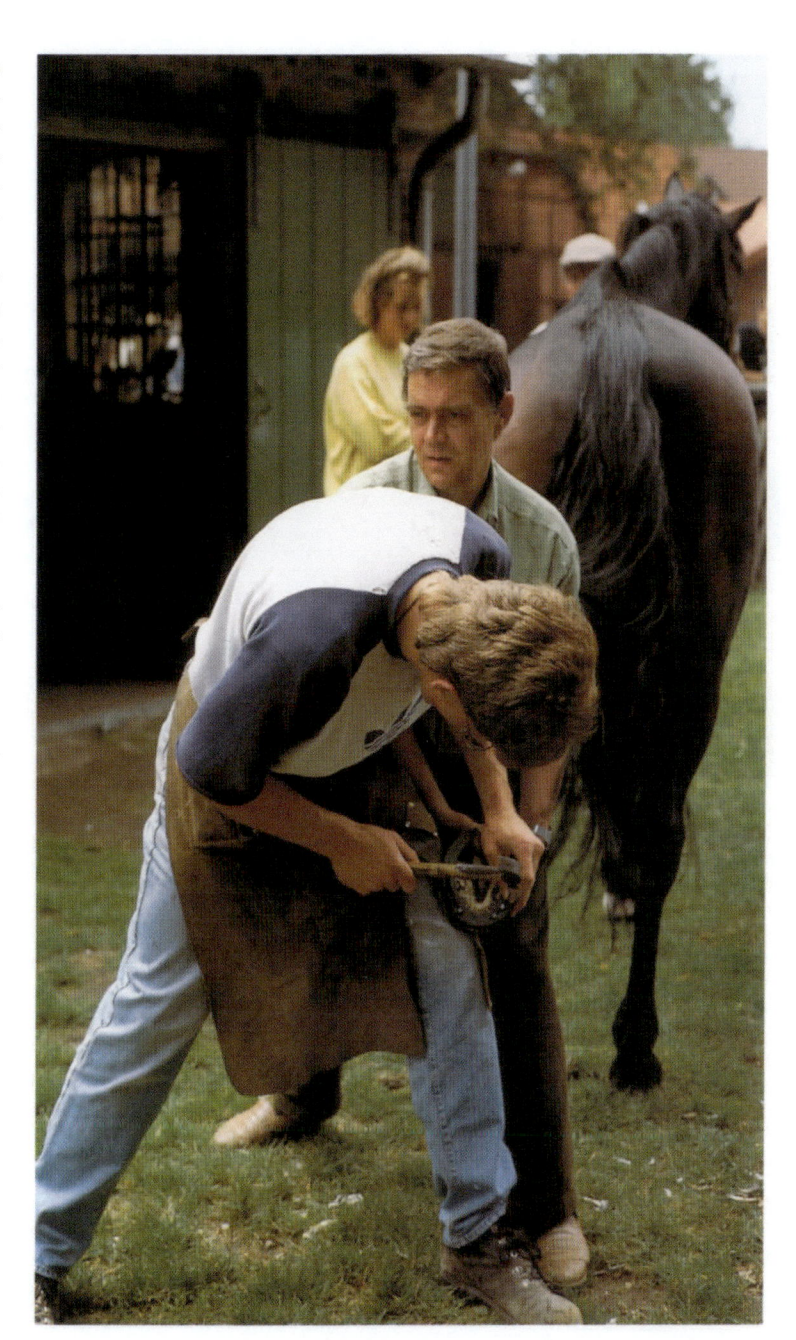

DER KORBMACHER

Arbeit an der Korbflechterbank

Korbflechten gehört zu den ältesten und verbreitetsten Kulturtechniken. Aus altägyptischen Gräbern sind zierliche Korbflechtereien erhalten. Griechen, Römer und Germanen haben sie früh beherrscht, und die sogenannten Naturvölker sind besonders große Flechtkünstler. Körbe wurden zur Lagerung und zum Transport verwendet.

Neben Tongefäßen, die zur Aufbewahrung von Flüssigkeiten und zubereiteten Speisen Verwendung fanden, waren es vor allem die geflochtenen Behältnisse, die seit dem Mittelalter zur Lagerung von Lebensmitteln dienten. Die Luftigkeit ihrer Konstruktion war ideal für die Aufbewahrung verderblicher Nahrung. In einem Käsekorb z. B. hielten sich Milchprodukte zu einer Zeit frisch, als an einen Kühlschrank noch nicht zu denken war. Vor der Kunststoffverpackungsflut unserer Tage kamen Obst, Gemüse, Meeresfrüchte in Körben zum Markt — und im Korb vom Markt in die Küche. Überbleibsel sind die quadratischen 2,5 und 5 Kilogramm fassenden Spankörbe, in denen auch heute noch druckempfindliches Gemüse und Obst transportiert und verkauft werden. Körbe sind leicht, in Größe und Form ihrem Zweck entsprechend geformt. Riesige Kiepen helfen bei der Ernte von Wein und Hopfen, handliche Exemplare sind nützlich beim Sammeln von Früchten und Pilzen oder beim Pflücken von Obst. Ein Wäschekorb besitzt andere Ausmaße als der für Kartoffeln oder Brennholz. Es gibt den filigranen, an einen Käfig erinnernden Eierkorb und den Korb, der den Glasballon umhüllt.

Voraussetzung für die Vielfalt der *Korbwaren* ist die Flexibilität des Materials. Geflochten wird mit Span, Binsen und Stroh (z. B. Hüte oder der Bienenkorb), Rohr (Stühle), sogar mit (Silber-)Draht. Vor allem aber mit den Ruten der Weide. Um stets über ausreichend Material zu verfügen, legte man Weidenplantagen an. Es reichte, frisch geschnittene Weidenruten in den feuchten Boden zu stecken. Die Stecklinge schlagen schnell Wurzeln und können, wenn man sie erst einmal drei Jahre hat wachsen lassen, jährlich geschnitten werden. Schneidezeit ist der Winter, die Zeit der Saftruhe.

Für Körbe, bei denen lediglich der Gebrauchswert von Interesse ist, meist sind dies große, grob gearbeitete Körbe, werden die Ruten ungeschält verarbeitet. In der *Weißkorb-*

Das Ausgangsmaterial: Weidenruten

61

DER KORBMACHER

flechterei dagegen, also immer dann, wenn weiße Korbwaren mit glatterer Oberfläche entstehen sollen, werden die Ruten geschält. Eine dritte Korbfarbe entsteht, wenn die Weidenruten mitsamt der Rinde drei bis fünf Stunden gekocht werden, bevor man auch sie schält. Durch das Tannin und andere Farbstoffe der Rinde entsteht jene bräunlichgelbe bis -rote Rutenfarbe, die so typisch ist für Kärbe aus *gesottener* Weide. Für die Flechtarbeit ist die Geschmeidigkeit der Ruten besonders wichtig. Zwar ist Weide an sich schon ein besonders biegsames Holz, dennoch werden die Ruten gewässert, bevor sie verarbeitet werden. Es erhöht ihre Elastizität.

Flechten beginnt immer mit der Herstellung eines Gerüsts. Bei einem Korb ist es der Boden. Um einen runden Korb zu arbeiten, legt der Korbflechter zunächst ein Kreuz aus jeweils drei nebeneinanderliegenden kurzen Weidenstöcken. Mit einer feineren Rute bindet er die Rippen des Kreuzes zusammen und flicht dann spiralförmig um die sich dabei zum Stern spreizenden Stöcke. Zur Bildung der Seitenwände steckt er in die Fugen des Bodengeflechts halbstarke Ruten *(Staken)*, biegt sie hoch und kann nun die Wände arbeiten. Das Prinzip ähnelt dem des Webens.

Die Korbflechterei bietet solide und formschöne Gebrauchsgüter

Je nach Führung und Anzahl der Flechtruten können die unterschiedlichsten Muster entstehen. Auch für die Randausbildung gibt es viele dekorative Abschlußarten.

Korbflechten ist Handarbeit. Flechtmaschinen haben sich nicht bewährt. Die Qualität und Schönheit eines Korbes hängt vom Geschick des Korbflechters ab. Sein Werkzeug ist einfach: Messer und Korbmacherschere zum Schneiden und Zurichten, Spalter zum Spalten einer Rute in Schienen, einen Hobel zum Glätten. Mit dem Klopf- oder Schlageisen wird das Geflecht zusammengeschoben, während die in Fett eingetauchten *Pfrieme* dazu dienen, fertiges Geflecht auszuweiten, um zusätzliche Ruten einzuziehen (z. B. für Henkel). Vor der *Korbflechterbank*, einem etwa 1,5 x 1 m großen angewinkelten Arbeitsbrett, sitzt der Korbflechter an der aufragenden Seite. Er hat die Arbeit direkt vor Augen, sieht dank der Brettschräge sogar besser in die Flechtung hinein, muß sich nicht bücken und kann den Korb leicht drehen.

Der Verdienst der Korbmacher ist seit je eher gering. Oft mußte, damit der Lebensunterhalt verdient werden konnte, die ganze Familie mithelfen.

Klopfeisen (oben)
Hammer, Messer
Ausputzmesser,
Korbmacherschere,
Zange, Pfrieme
(von links)

Der Kunstschmied

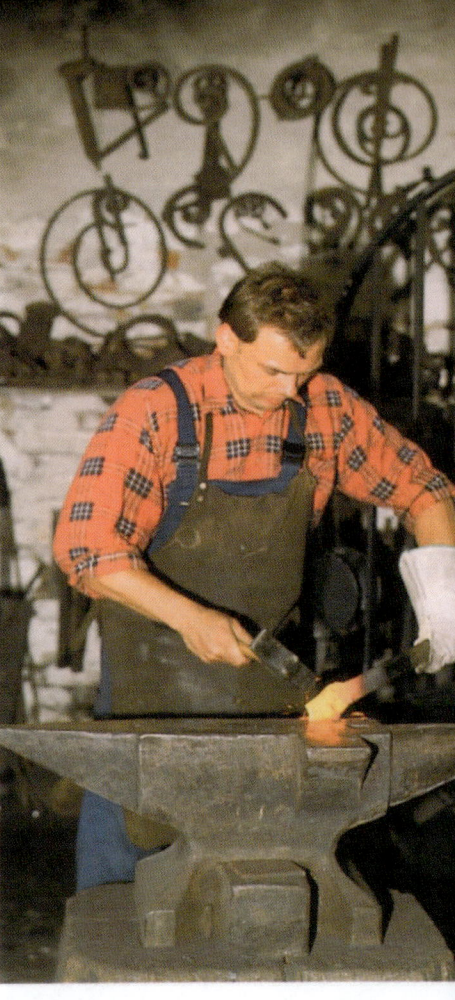

Das Werkstück in der Esse

Neben dem Eisen — und wohl auch früher als dieses — hat der Mensch Kupfer und Bronze bearbeitet. In Ägypten und Indien wurden die bislang ältesten geschmiedeten Gegenstände gefunden. Man schätzt sie auf über 5000 Jahre. Ausgrabungen bezeugen den Gebrauch von Hammer, Zange und Amboß im ersten vorchristlichen Jahrtausend. Der Schmied ist zu jener Zeit so selbstverständlich als Spezialist von eigenen Graden anerkannt, daß, wenn es um seine Notwendigkeit für die Gemeinde geht, der griechische Philosoph Platon sich mit einfachen Feststellungen begnügen kann. In seinem Werk über den Staat heißt es: »Denn der Bauer wird sich offenbar seinen Pflug nicht selbst herstellen, wenn dieser recht ausfallen soll, und auch seinen Karst nicht, noch die übrigen Geräte für den Ackerbau. Und ebensowenig der Baumeister; auch er bedarf ja vieler Dinge.«

Für die Metallverformung zu baulichen Zwecken war seit je vornehmlich der Kunstschmied zuständig — im Unterschied zum Hufschmied, aber auch zu den anderen, heute schon fast wieder vergessenen Ausprägungen dieses Handwerks: den Löffel- und Pfannenschmieden oder jenen, die sich ganz auf Nägel oder Schwerter spezialisiert hatten. Treffliche Proben der Kunstschmiedearbeit geben die Beschläge von Toren und Türen in Romanik und Gotik. Da-

Arbeit am Amboß

Konzeption der Arbeit

zu wurden die noch ungeformten Eisenbänder und -stangen platt geschlagen, verlängert, verbreitert und alsdann in schmale Bänder gespalten, die nach verschiedenen Seiten hin ausstrahlen. Diese Windungen und Ranken enden in Blättern und Blüten: eine florale Ornamentik, die das ganze Türblatt überzieht.

Um es zu strecken, wird das erhitzte Eisen auf der Amboßbahn zunächst mit der Finne des Hammers geschlagen. Die Einkerbungen, die es dabei erhält, gleichen sodann Schläge mit der flachen Hammerbahn aus. Das Eisen wird flacher und dehnt sich aus. Gleichmäßige Windungen und Ringe lassen sich über dem Amboßhorn hämmern. Gestaucht wird mit Hilfe von Nageleisen, Loch- und Gesenkplatte. Beim Trennen spricht man von *Abschroten.* Der Abschrot ist ein Werkzeug mit breiter Schneide, das sich mit seinem vierkantigen Ansatz im Gesenkloch der Amboßbahn hält, während dem auf der Schneide aufliegenden Werkstück eine Kerbe zum leichteren Brechen geschlagen wird.

Bleibt als letzte der grundlegenden Formungsarten das Verbinden zweier Eisen. Wer denkt heute noch ans Schmieden, wenn vom Verschweißen die Rede ist, wer würde Hammer und Amboß als »Schweißgerät« durchgehen lassen. Das Wichtigste beim *Feuerschweißen* ist die richtige Hitze der Eisen, die auch nicht zu stark sein darf. Wenn die zu verbindenden Eisen weißglühend sind und die ersten Funken zu fliegen beginnen, muß sie der Schmied schnell und kräftig ineinanderhämmern.

Ihre Blüte in Deutschland erlebte die Schmiedekunst während der Renaissance. Das Produkt, woran sie ihr Können maßgeblich bewies, das schmiedeeiserne Gitter, ist noch immer der Inbegriff von Solidität und Kunstfertigkeit. Gegen Ende des 18. Jahrhunderts wurde das feine Kunstschmieden vom Eisenguß verdrängt, der bis dahin nur die grobe Gestaltung ausgeführt hatte, nun jedoch, bei fortschreitender Entwicklung seiner Verfahren, die aufwendigere und teurere Konkurrenz aus dem Felde schlug. Doch wie so oft, wird es auch hier das Überhandnehmen der Mechanisierung gewesen sein, das gegenläufige Entwicklungen provozierte: Mit dem Ausgang des 19. Jahrhunderts kam die künstlerische Handarbeit des Schmieds zu neuen Ehren. Seitdem sind kunstvoll durchbrochene Beschläge, Tore, Türen und Zäune, Geländer, Kerzenständer, Leuchter und Lüster wieder häufiger das Werk von Hammer und Amboß.

Formgebung bei richtiger Temperatur

65

DER LEHMBAUER

Lehmwand vor dem Verputz

Häuser, Ställe, Scheunen und Backöfen wurden auf dem Lande jahrhundertelang aus den Materialien der Region und mit überlieferten Techniken hergestellt. So konnte sich in jeder Landschaft ein eigener Haustyp entwickeln.

Mit Eichenholz, Reet, Naturstein, Lehmschlag oder -ziegel wird heute kaum noch gebaut. Manche Materialien sind rar, vor allem aber sind Spezialisten nötig, um sie in aufwendiger Handwerkstechnik zu verarbeiten. Das ist teuer. Die »Internationalisierung« des Geschmacks hat ein übriges getan. Von der Nordsee bis zu den Alpen unterscheiden sich die Neubauten weder in der Bauweise noch in den verarbeiteten Baustoffen.

In den lehmreichen Gebieten Norddeutschlands war der Lehmbau einmal weit verbreitet. Hier gab es den reinen Lehmbau, einen Mauerwerksbau, bei dem luftgetrocknete Lehmsteine (auch *Patzen* genannt) mit Lehmbrei wie Ziegel zu Verbänden vermauert wurden. Die Steine entstanden aus dem, was man vorfand: Magerem Ton wurde geschnittenes Stroh (Häcksel), Heidekraut, Holzwolle, Kiefern- und Fichtennadeln zugesetzt, die Masse in Formen gepreßt und getrocknet.

Eine andere Methode, bei der mit teigigem Lehm gebaut wird, setzt die Technik des Fachwerkbaus voraus. Die Skelettbauweise ist eine wohldurchdachte Zimmermannsarbeit. Die tragenden, Druck und Zug aufnehmenden Teile des Hauses bestehen aus senkrechten und waagerechten Eichenbalken — dem Skelett. Die Gefache dazwischen können auf zweierlei Art ausgefüllt werden.

Die verbreitetste Bauweise war die *Lehmstakung.* Hierbei wird auf ein geflochtenes, strohummanteltes Weidengeflecht (Knüppelwerk) beidseitig Lehm aufgestrichen oder — als Variante — mit geschnittenem Stroh vermengter Lehm spiralartig um ein Stakholz (Latte, Knüppel) gewickelt. *Wellerwand* nennt sich nach dem Material der Unterkonstruktion (*Welle* ist mittelhochdeutsch für »Reisigbündel«) diese Gefachung.

Unsere Lehmbauer verfahren nach der Methode des Lehmstampfbaus, die sie allerdings verfeinert und den heutigen Ansprüchen angepaßt haben. Sie nennen sie *Strohleichtlehm-*

Aus Lehm ...

... und Langstroh ...

technik. Der Name sagt schon, worin ihre Besonderheit besteht. Anders als beim alten Stampfbau wird keine schiere Lehmmasse in die Schalung zwischen den Gefachen eingebracht, sondern ein in dünnflüssiger Lehmschlämme eingeweichtes, von Lehm umhülltes Langstroh.

Der Lehm — bestehend aus dem Bindemittel Ton und den Füllstoffen Schluff und Sand — wird mit viel Wasser in einem Mischer angerührt. In einer großen flachen Wanne arbeitet die Lehmbauerin langhalmiges Stroh in den dünnflüssigen Brei ein. Bevor das Stroh-Lehm-Gemisch verarbeitet werden kann, müssen ein bis zwei Tage *Maukzeit* vergehen. In dieser Zeit verdunstet das überflüssige Wasser. Dadurch werden Schwundrisse beim Trocknen vermieden. Und leichter als ein kompakter Lehmbrei läßt sich das lehmummantelte Stroh jetzt auch verarbeiten.

Die Unkompliziertheit der Lehmbauarbeiten ermöglicht es dem Bauherrn, vom Fachmann angeleitet, selbst mit Hand anzulegen. So kann er beispielsweise die Strohleichtlehmmasse in die vorbereitete zweiwandige Schalung der Gefache einbringen. Dabei muß er darauf achten, den Baustoff gleichmäßig einzufüllen und ihn in den Ecken eventuell mit einer Latte zu verdichten. Die Schalung wird zum nächst höher gelegenen Gefach verschoben, der Vorgang wiederholt. Diese matschig-mühselige Prozedur belohnt den Bauherrn später mit einem vorzüglichen Raumklima. Der Lehm regu-

... entsteht der Strohleichtlehm

DER LEHMBAUER

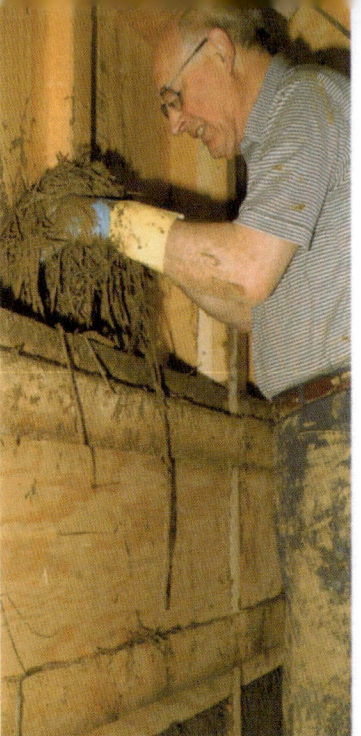

Für den Putz wird der in einem Mischer mit reichlich Wasser angerührte Lehm beim Ablassen gesiebt und muß in einer Wanne zunächst einmal vier Wochen *sumpfen.* Diese Zeit ist nötig, damit die Tonteilchen fein gelöst sind. Fettem Sumpflehm wird Sand beigemischt, und unter Zugabe von Strohhäcksel entsteht ein homogenes, geschmeidiges Material für einen elastischen, 2 bis 2,5 cm dicken Unterputz. Um eine glatte, streichfähige Oberfläche zu erhalten und das Stroh vor Verrottung zu schützen, trägt der Lehmbauer eine dünne (0,5 bis 1 cm) zweite Schicht Lehm ohne Strohbeigabe auf.

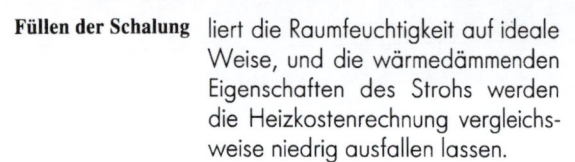

Im Gegensatz zu den konventionellen zweilagigen Verputzen ist der Abbindevorgang beim Lehmputz kein chemischer Prozeß, sondern ein reiner Verdunstungsvorgang. Der Lehmfeinputz läßt sich ausgezeichnet mit einem Kalkanstrich versehen. Sein Schutz gegen Witterungseinflüsse ist um so größer, je weniger Pigmentierung dem Anstrich zugegeben wurde. Weiß ist also sehr zu empfehlen.

Füllen der Schalung liert die Raumfeuchtigkeit auf ideale Weise, und die wärmedämmenden Eigenschaften des Strohs werden die Heizkostenrechnung vergleichsweise niedrig ausfallen lassen. Die Wand ist nach Entfernen der Schalung 30 cm stark und muß erst einmal trocknen, bevor nach allen Regeln der Kunst ein Zweilagenputz aufgetragen wird.

Wellerwand: das Knüppelwerk (oben) und der Lehmschlag (unten)

Der Miniaturbauer

Ein Miniaturwebstuhl wird gebaut

Es ist eine eigentümliche Leidenschaft, die Leidenschaft für Miniaturen. Hier hat man das aus umgebende Wirkliche in regulärer Proportion, doch weit geringerem Maß, handlich und überschaubar: Die Welt als Spielzeug — beruht darauf der Reiz?

Im Tagebuch des Arztes Heroard, dem wir eine detaillierte Beschreibung der Kindheit Ludwigs XIII. verdanken, steht über den sechsjährigen Prinzen zu lesen, er vergnüge sich »mit einem kleinen Kabinett aus Deutschland«. Das waren hölzerne Miniaturgegenstände, die von Nürnberger Handwerkern hergestellt wurden. Doch man täuscht sich, historisch jedenfalls, wenn man dies als vorzüglich kindliche Domäne ansieht, nur weil uns heute das Spielen als Sache der Kinder erscheint. In jenem 17. Jahrhundert fand die Lust, Gegenstände und Personen des Alltagslebens *en miniature* darzustellen, sich in einer volkstümlichen Kunst und dem dazugehörigen Kunsthandwerk wieder, die ebensosehr zum Ergötzen der Erwachsenen bestimmt waren. Neben deutschen besitzen insbesondere Schweizer Museen komplizierte Ensembles aus Häusern, Innenräumen und Mobiliar, die die vertraute Lebenswelt geschrumpft, aber in allen Einzelheiten reproduzieren. Wollte man dem glauben, der sagte, es seien bloß Puppenstuben?

Damals mochte es auch darum gegangen sein, sich des eigenen Lebensstils noch einmal, spielerisch, zu versichern. Vorrangig herrschaftliche Häuser kamen als Auftraggeber in Betracht. Heute sind es Liebhaber aus allen sozialen Schichten, die sich vom Miniaturbauer etwa ein Fachwerkhaus des 19. Jahrhunderts im Maßstab 1 : 12 bauen lassen. Zur Vorlage dienen Photographien der oft nicht mehr erhaltenen Gebäude, oder Stiche und alte Baupläne. Für den Miniaturbauer ist es ein Glück, daß schon die alten Handwerke ihr Wissen in regelrechten Lehrbüchern niederlegten, in denen sich manch hilfreiche Konstruktionszeichnung findet.

Möglichst strikt hält er sich an die ursprünglichen Materialien und Techniken, wodurch er genötigt ist, in gewisser Weise die Fertigkeiten aller ehedem beteiligten Künste zu beherrschen: Als Baumeister plant er, als Maurer setzt er das Fundament und die Außentreppe aus Sandstein. Die traditionelle Skelettbauweise seines Fachwerkhauses fordert den Zimmermann, der den auf der Sockelmauer ruhenden Schwellenrahmen zimmert, die senkrechten Eck- und Mittelständer sowie die waagerechten Riegel einzapft, Fußböden legt, schließlich auf das Obergeschoß die Dachbalken aufsetzt, an deren Enden die Sparren fußen. Als Lehmbauer füllt der Miniaturbauer die Gefache, er verglast die Fenster, tischlert und drechselt das Mobiliar, er malert und ist zuweilen Töpfer, Schmied und gar Klempner in Personalunion.

Freilich — es bleiben Miniaturen. Doch Fenster und Türen lassen sich öffnen, die Räume innen beleuchten, auch wenn den kleinen Bewohnern das Leben fehlt. Überhaupt ist es eine in ihrer Winzigkeit und Erstarrung irritierend real wirkende Welt, auf die der neugierige Betrachter stößt, wenn er die abnehmbare Frontfassade entfernt.

Für die Gesamtherstellung eines Miniaturfachwerkhauses benötigt ein Miniaturbauer ungefähr 1500 Stunden. Alle Teile sind von Hand geschaffen und werden mit den früher üblichen Produkten, mit Bienenwachs etwa, behandelt und konserviert. Eine Besonderheit ist das Räuchern des Fachwerks mit Ammoniak. Eiche und Buche, die bevorzugten Hölzer des Miniaturbauers, dunkeln dadurch und erhalten den Anschein einer Altersfärbung. Zugleich jedoch bleiben bei der Reaktion des Ammoniakgases mit der Gerbsäure die unterschiedlichen Holzfärbungen für die Zukunft bewahrt.

Einblick in das fertige Haus

DIE MODE-DESIGNERIN

Eine Handwerksordnung aus dem 15. Jahrhundert nennt die Kriterien, die auch heute noch gelten könnten. Neben der Handwerksordnung mußte ein Meister vor allem Material- und Maßangaben kennen und Zeugnis von seinen Fertigkeiten beim Zuschnitt und Nähen ablegen. Bei Schnitt und Material des Kleidungsstückes hatte er keine freie Wahl. Eine Kleiderordnung legte sogar Form, Farbe und Stoff des Kleides fest. Die meisten Schnitte wurden aus der Kreisform entwickelt (*gloggenweit* genannt).

Mode, verstanden als vorübergehend herrschende und wechselnde Art und Weise sich zu kleiden (zu frisieren, zu essen, zu reisen, zu wohnen ...), gibt es seit 1630. Sprach man in Deutschland von Kleidung nach dem neuesten Schnitt, so war dies gleichbedeutend mit französischer Kleidungsart. Aus à la mode wurden — so gängig war der Ausdruck — kurzerhand deutsche Kürzel: *Alamode* und *alamodisch.* Hier hat die Vorherrschaft der französischen Mode, die bis in unser Jahrhundert reicht, ihren Ursprung. Vom Zeitalter Ludwigs XIV. an existierte eine mitteleuropäische Mode, die bis zur Französischen Revolution ausschließlich von Fürstenhöfen und Adel bestimmt wurde.

Danach wurde das Großbürgertum maßgebend. Ende des 18. Jahrhunderts erscheinen erstmals periodische Modezeitschriften. Einen grenzüberschreitenden Ruf genoß das von Friedrich Justus Bertuch 1786 in Weimar gegründete Journal der Moden, bald in *Journal des Luxus und der Moden* umbenannt. Florierender Handel brachte ein neues Material, die Baumwolle, auf den Markt. Die Billigkeit des Rohstoffes und seine Variabilität der Verarbeitung machten für alle Schichten Baumwollkleidungsstücke zunehmend gebräuchlich. Zurückgedrängt wurde dadurch die feste, sorgfältig gearbeitete Kleidung der Nationaltracht, denn es lohnte sich nicht mehr, sie aus den wenig soliden Baumwollstoffen herzustellen.

Was einen Zeitgenossen im *Journal von und für Frauen* klagen läßt:

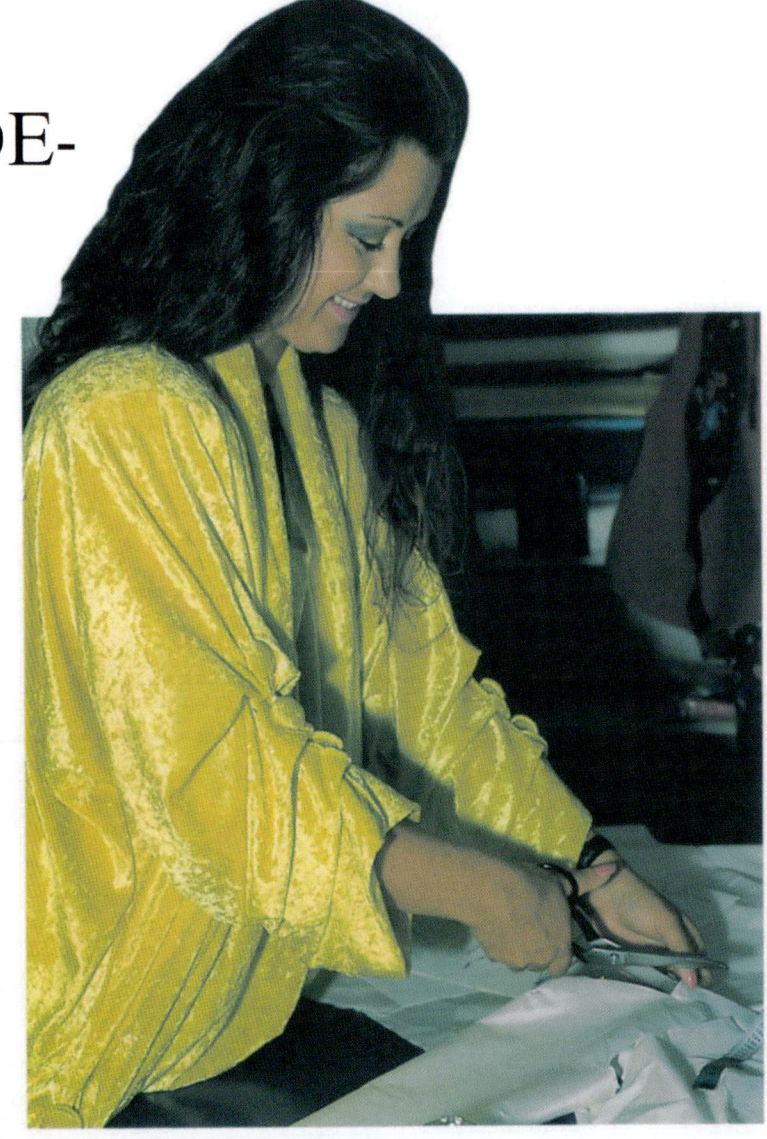

Entwurf – Zuschnitt

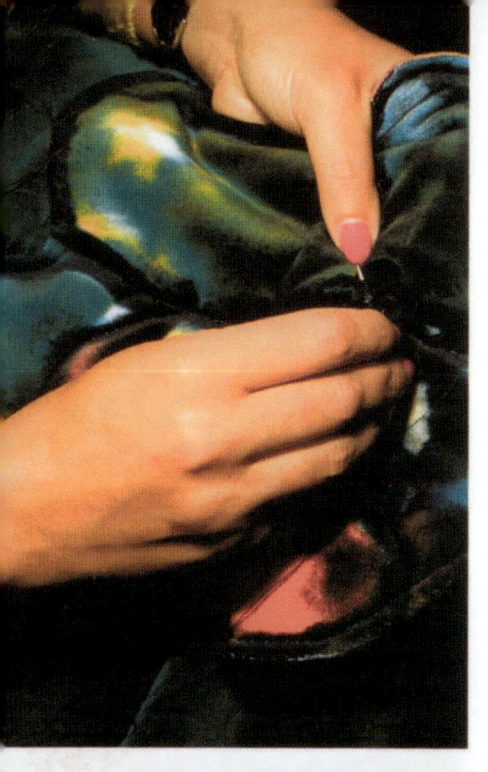

Applizieren einer stilisierten Blüte

Auf der Modezeichnung: Stoff- und Garnproben, Knöpfe, Schmucksteine

»Der Landsbeamte hielt sich vor Zeiten seinen bordirten Rock als Staatskleid, und die Frau ein reiches Kleid in ihrer Art, woran beyde 30 bis 40 Jahre hatten, und noch brauchbare, oder wenigstens verkäufliche Stücke ihren Kindern zurückließen.«

Damit war es jetzt vorbei. Die Industrialisierung führte zur Produktion von Fertigkleidung, heute *Konfektion* genannt. Eine Modeindustrie entwickelte sich und mit ihr immer schnellere Wechsel der Moden. Die Begriffe *neu*modisch und *alt*modisch entstanden. Lange Zeit gab die französische *Haute Couture* als »große Schneiderkunst« der Modeschöpfer die Regel vor, nach der sich Konfektion und individuelle Schneiderarbeit richteten oder zu richten hatten. »Modediktat« wurde immer dann gestöhnt, wenn allzu gegensätzliche Moden aufeinander folgten.

Ist das heute anders? Zumindest hat sich eins gründlich verkehrt. Modeschöpfer und -designer bekommen ihre Ideen immer häufiger von »der Straße«. Ein Stil ist oftmals schon vorhanden, bevor er zur produzierten Mode wird. Seit die Antimode der Hippies, von der Modeindustrie aufgegriffen, Mode wurde, hat sich dieses Phänomen oftmals wiederholt. War die Mode ehedem Regel, erhebt sie heute gerade die Regellosigkeit zum Prinzip.

Aus der Werkstatt der Designerin kommen Kleidungsstücke, die individuell auf die Person einer Kundin abgestimmt sind. Dem Entwurf geht die persönliche Beratung voraus, um die Form, die geeigneten Farben und passenden Materialien festzulegen. Die Maße werden genommen. Es folgt der Entwurf.

Im Beruf der Modedesignerin verbindet sich künstlerische Tätigkeit mit der Beherrschung handwerklicher Techniken. Mit der Wirkung von Farben muß sie ebenso vertraut sein wie mit den Eigenschaften der Materialien. Sie beobachtet die Modeströmungen und ist mit der Kostümgeschichte vertraut. Um ein Kleidungsstück entstehen zu lassen, muß sie vor allem aber auch Schneiderin sein. Die vornehmste Tätigkeit innerhalb des Berufes war immer der Schnitt. Das Schneiden gab dem Beruf der *Schneiderin* schließlich den Namen.

So wird der Stoff maßgerecht zugeschnitten und für die Anprobe vorbereitet. Beim Vernähen werden dann die Teile zusammengefügt, Schnittkanten gefaßt *(versäubert)* und Verschlüsse angebracht. Nähte werden heute mit Industrienähmaschinen geschlossen. Selbst eine geübte Näherin, die 30 bis 60 Stiche in der Minute auszuführen vermag, kann mit der Maschine nicht konkurrieren. Zur abschließenden Arbeit gehört das Ausbügeln der Nähte.

Eine Einzelanfertigung ist aufwendig und anspruchsvoll. Dem entsprechen die Stoffe, die in den Regalen der Werkstatt bereitliegen: Samt aus Italien, indische Seide, hochwertige Baumwollstoffe, weichfallende Viskose und feingewebtes Leinen, zarte Batiste, schimmernde Satins, glänzender Lamé, Brüsseler Spitzen, dazu Schachteln voll farbiger Pailletten, Perlen und Knöpfe.

73

DER PUPPENMACHER

In der Werkstatt des Puppendoktors (»Sprechstunde«)

Puppen waren ursprünglich kein Spielzeug. Sie galten als Abbild des Menschen, waren Kultfigur und Fetisch. Um 1400 gab es in Nürnberg die erste gewerbliche Produktion von *Docken* oder *Tocken* — ein Name, den das Mittelalter für alles Spielzeug gebrauchte. Es waren einfache rundgedrechselte Holzfiguren, denen Gesicht und Kleid aufgemalt wurde. Im Frankreich des 18. Jahrhunderts gab es Puppen ganz anderer Art: eine »Modepuppe«, die, in Paris mit den aktuellsten Kleidern, Hüten und Frisuren der Saison ausgestattet, als Botschafterin der Mode in die Provinz und nach Übersee geschickt wurde.

In Deutschland löste Mitte des 18. Jahrhunderts eine formbare Masse aus Roggenmehl und Leimwasser das Holz in der Puppenherstellung ab. Diese Brotteigpuppen waren wenig dauerhaft. Kein Wunder. Schiffssendungen nach Nordamerika, so berichten Zeitgenossen, sollen während der Reise von Mäusen gefressen worden sein.

74

Die Wiege der »kleinen Mädchen« (was der ursprüngliche lateinische Name *pupa* bedeutet), wie wir sie heute kennen, stand im thüringischen Sonneberg, wo Heimarbeiter die einzelnen Teile herstellten: ein *Drükker* fertigte Körper, Beine und Hände, *Bossierer* modellierten den Kopf, Glasbläser sorgten für die Augen, Perückenmacher für den Haarschmuck, Näherinnen für ein der Mode oder dem Typ entsprechendes Kleid. So gab es beispielsweise den nur mit einem Hemdchen bekleideten Täufling, einen Vorläufer der heutigen Babypuppe.

Parallel dazu entstanden Puppenköpfe aus Wachs oder Papiermaché, zunächst modelliert, dann auch in Schwefelformen *gedrückt*. Später wurde ein Gemisch aus Tonerde, Lumpenpapier, Leim und Soda in Gipsformen *gegossen*. 1845 entdeckten die Porzellanmanufakturen das Geschäft mit den Puppenköpfen. *Biskuitköpfe* waren die edelsten von ihnen. Das Porzellan wurde zweimal gebrannt, das weiße feste Porzellan nach der ersten Brennung bemalt. Beim zweiten Brennen verband sich die Farbe mit dem Grundstoff, und es entstand ein Puppengesicht, dessen weiche, hautschimmernde Oberfläche sie bei Sammlern heute so begehrt macht. Die großen Puppenfabriken in Hamburg, Hannover, Berlin und Wien verarbeiteten sie weiter.

Hier guckt jede Puppenmutter weg

Puppen aus Stoff wurden von Käthe Kruse, der wohl bekanntesten Macherin, 1923 in einer Streitschrift gegen Porzellan- und Gummipuppen als die einzig spielfreundlichen propagiert. Die Körper waren auch früher schon mit Holzfaser, Wolle oder Haar weichgestopfte Hüllen aus Leder oder Stoff. Der Balg der *Käthe-Kruse-Puppe* besaß eine Neuerung: Er bestand aus wasserdichtem Nessel und hatte imprägnierte Nähte. Die Puppe war dadurch gegen Feuchtigkeit geschützt und robust im Gebrauch. Man täusche sich aber nicht. Es waren dies teure Puppen. Kinder einfacher Leute haben sie wohl niemals zu Gesicht bekommen.

Das änderte sich allmählich, als Zelluloid für die maschinelle Puppenproduktion entdeckt wurde. 1894 nahm die Rheinische Gummi- und Celluloid-Fabrik in Mannheim die Produktion auf. Die ersten Kunststoffpuppen waren noch steif und unbeweglich, das neue Material trocknete aus und wurde brüchig. Der Siegeszug der rheinischen *Schildkrötpuppen* war aber nicht mehr aufzuhalten.

Die industrielle Fertigung hat den Beruf des Puppenmachers verdrängt. Historische Puppen sind Objekte von Sammlungen geworden. Ihr Alter, die Komplexität ihrer Materialien und die Vielfältigkeit ihrer Herstellungstechniken machen bei einer Restauration die Arbeit des Puppendoktors nötig. Da oftmals die Originalteile nicht mehr vorrätig sind, muß er improvisieren, ohne Eigenart und Puppentyp zu verfälschen.

Natürlich kommen auch die Spielpuppen von heute zur Behandlung, sogar einfache Exemplare aus Plastik oder Vinyl, deren Kaufpreis von dem der Reparatur möglicherweise übertroffen wird, kommen zur Behandlung. Gelockerte Gelenke müssen gerichtet, herausgefallene Augen neu eingesetzt, ein kahler Kopf mit neuem Haar versehen, ein lädiertes Gesicht vorsichtig ausgebessert werden. Zunächst nimmt der Puppendoktor die Puppe auseinander. Zerbrochene Teile werden sorgfältig mit einem Spezialkleber zusammengepaßt. Für irreparable und fehlende Teile wie Wimpern und Augen muß Ersatz gefunden werden. Der Puppendoktor braucht Geduld und Fingerspitzengefühl. Ein neuer Arm etwa wird mit einer penibel abgestimmten Leimfarbe dem übrigen Puppenkörper angepaßt.

Beim Zusammensetzen werden die Gummizüge im Inneren der Puppe erneuert, die die Gliedmaßen und den Kopf elastisch und drehbar zusammenhalten. Größe und Art der Puppe erfordern hierbei wechselnde Techniken. Gearbeitet wird mit verschieden gebogenen Aufziehhaken. Zum Abschluß wird die Puppe fachmännisch gereinigt und erhält ihr Kleid. Puppenmutter und -vater warten schon.

DIE PUTZMACHERIN

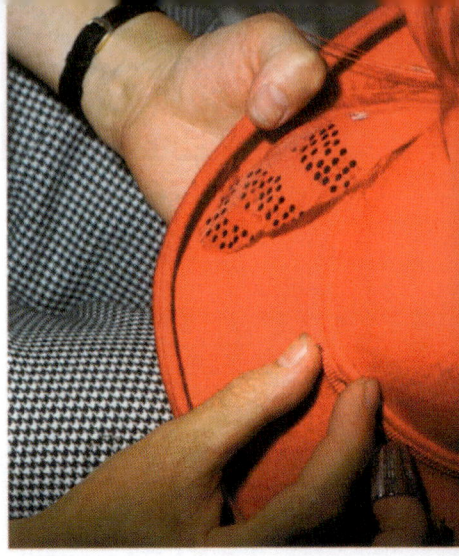

Annähen der Garnitur/des Hutbandes

Aufbürsten des Filzes

Ein Hut ist kein gewöhnliches Kleidungsstück. Ein Hut als Schutz vor Regen, Wind und brennender Sonne, das leuchtet ein und erklärt vielleicht auch, warum im Zeitalter des Automobils, wo sich niemand mehr längere Zeit unter freiem Himmel aufhält, Hüte eigentlich aus der Mode gekommen sind. Doch steckt nicht mehr dahinter, wenn ein Strohhut im Urlaub eventuell noch sein darf, man am liebsten aber gleich ein Stirnband trägt?

Der Hut als Sonnenschutz war schon im Altertum gebräuchlich. Die Griechen hatten den flachen breitkrempigen *Petasos.* Zum Zeichen ihrer Unabhängigkeit durften freigelassene Sklaven einen Hut, den kleinen kegelförmigen *Pilos* tragen. Der Hut bekam über seine bloße Funktion als Kopfbedeckung hinaus eine Bedeutung als Standes- und Hoheitszeichen. Er zeichnete Kardinäle aus, Herzöge — und einen tyrannischen Landvogt in der Schweiz namens Geßler (von dem uns *Wilhelm Tell* berichtet).

Immer noch wird in angelsächsischen Ländern bei der Promotion der Doktorhut verliehen, und dem Sieger volkstümlicher Wettkämpfe winkt oftmals auch heute noch der Hut eines »Königs«.

Der Hutmacherberuf läßt sich in Deutschland bis ins 14. Jahrhundert zurückverfolgen. Meist arbeitete die ganze Familie mit, wobei die Frau des Hutmachers das modische Ausstaffieren und Besetzen der Hüte übernahm. Als eigenständiger Bereich entwickelte sich daraus, mit Verfeinerung der weiblichen Mode, der Beruf der Putzmacherin. Nicht etwa der Schneider war es, der die Eleganz der Damen zeitweise bestimmte, sondern Geschick und Raffinesse von Friseur und Putzmacherin. Zur Zeit des Wiener Kongresses trug die Dame von Stand in Gesellschaft komplizierte Gebäude, die eine erfinderische Putzmacherin aus Rüschen, Spitzen, Blonden (feine Seidenspitze mit Blumen- und Figurenmustern), Blumen, Bändern, Federn »komponiert« hatte.

Besonders der Damenhut unterliegt in seinen Formen und Materialien nicht nur einer wechselvollen Mode, sondern auch einer schwankenden Popularität. Die Männer hielten konstanter an ihrer Kopfbedeckung fest. Im 17. Jahrhundert trugen beide Geschlechter verschieden geformte Filzhüte. Während Frauen nach 1650 kaum noch einen Hut aufsetzten, entstand für den Mann der *Dreispitz*. Er blieb Mode, bis sich Ende des 18. Jahrhunderts daraus der *Zweispitz* entwickelte. Im letzten Jahrzehnt kam der *Zylinder* auf, der mit leichten Veränderungen an Kopf und Krempe bis in die Gegenwart existiert.

Die Hutmodistin, wie die Putzmacherin bei der Vorliebe des 19. Jahrhunderts für alles Französische einst hieß und seit jüngst auch wieder heißt, verleiht dem Hut Form und Gestalt. Sie steht vor der Aufgabe, Anregungen der Mode für den individuellen Typ einer Kundin nutzbar zu machen. Daneben kommt es vor, daß eine Kundin mit dem Photo eines Hutes zu ihr kommt, den es nun nachzugestalten gilt. Hüte, die zu klein gekauft wurden, kann sie weiten.

Grundmaterial für eine Anfertigung eines Hutes ist neben Stroh, Bast, Leder, Pelz und unterschiedlichen Textilgeweben (Samt, Seide, Wolle, Chemiefasern) immer noch der Filz. Es gibt ihn als Wollhaarfilz, der aus den Wollkämmlingen und 30 bis 40 Prozent feiner Schafwolle hergestellt wird, und als Filz aus Tierhaaren (Kaninchen, Hasen, Biber).

Als *Vlies* fällt das vom Fell gewonnene Haar an. Die zu *Kätzchen* zusammengelegten Vliese werden gereinigt und in Fachmaschinen zum kegelförmigen Fach geformt. Durch Anfilzen und Walken in einem nichtwollenen Tuch werden vier bis sechs dieser Fache als *Stumpe* auf die gewünschte Dichte und Größe gebracht. Stumpen, die noch nicht auf Maß gewalkt sind, heißen *Labraz*. Nach dem Färben wird die Stumpe über ein Holzmodell gezogen, mit Wasserdampf *dekatiert* (was nachträgliches Einlaufen verhindert) und elastisch gehalten. Hier bekommt der Hut seine Form. Das Kopfteil wird vorgezogen, dem folgt das Ausziehen des Randes. Zuletzt wird er gebügelt, aufgebürstet, dann muß er trocknen.

Die Möglichkeiten der abschließenden Oberflächenbehandlung reichen vom Schleifen, auch *Bimsen* genannt, über das Rauhen (für Veloursütel), Strichgeben und *Bischonisieren* (Überwischen mit gefetteten Kissen) bis zum Appretieren des Hutrandes (eine ehemals beliebte Methode, ihn wetterfest zu machen) oder des ganzen Hutes (was einen *Steifhut* ergibt).

Den Damenhut vollendet unsere Putzmacherin, indem sie ihn mit einem Futter versieht. Bei einem Filzhut reicht es aus, am Übergang von Kopf und Rand ein passendes Band anzubringen. Die Krempe wird eingefaßt. Endlich erhält der Hut seine Garnitur. Entsprechend dem Wunsch der Kundin und dem Anlaß, zu dem er getragen werden soll, wählt sie zwischen verschiedenfarbigen Ripsbändern, Federn, Schleifen, Agraffen und Hutnadeln aus.

Dämpfer, Form, Bügeleisen und Bürste sowie der Hutweiter (hinten)

Der Reitstiefel-Spezialist

Verklebte Schaftfutterteile werden verklopft, um den Klebedruck zu erhöhen

Die Schuhmacher gerbten in den mittelalterlichen Dörfern oftmals ihre Leder selbst. In den Städten kannte man bereits die Trennung von Neuanfertigung und Schuhreparatur (»Altreißer«). Daneben gab es Hausschuster, die, ähnlich wie Schneider, »auf Stör« gingen, d. h. zu ihren Kunden kamen, ihnen neue Schuhe anpaßten oder das alte Schuhwerk ausbesserten.

Gewiß ist ein maßgefertigter Stiefel besonders bequem. Ein Reitstiefel muß aber noch aus einem anderen Grund perfekt sitzen: Er gewährleistet die direkte Fühlung des Reiters mit seinem Pferd. Außenstehende bemerken oft gar nicht, wieviel Arbeit bei der Dressurreiterei die Reiterbeine übernehmen. Der Vater unseres Reitstiefelspezialisten fertigte darum erstmals Reitstiefel mit weichem Schaft an. Vordem hatten die hohen Schäfte aus Futter- und Oberleder bestanden, die mit Kleister verbunden wurden und dann so steif waren, daß sie sich selber trugen. Die weiche, anschmiegsame Ausführung hingegen besitzt eine in den Hinterriemen eingeschobene Kunststoffschiene — ein Rückgrat also. In den Anfängen wurde es aus Walfischbarten gemacht.

Wer als Kunde die Werkstatt betritt, darf sich als der sprichwörtliche König fühlen. Er hat ein kleines Podest zu besteigen, wo er in einem höhenverstellbaren Stuhl Platz nimmt. Das Anlegen der Maßbänder scheint kein Ende zu nehmen: Fußlänge, Fußbreite, quer über den Ballen und Spann und diagonal, wie die Muskeln verlaufen; Knöchelumfang, dann die Wade in Etappen hoch bis ins Kniegelenk. Nun noch ein Abdruck des Fußes auf ein Gummi, dessen farbige Unterseite die Konturen von Hacken, Fuß- und Zehenballen auf einem Papier wiedergibt. Auch von der Streckung der Glieder, wie sie ein beim Schreiten aufgesetzter Fuß zeigt, erhält man so ein Bild.

Der Reitstiefelspezialist hat jetzt die Angaben beisammen, die für einen fußgerechten Leisten und ein exaktes Schaftmodell nötig sind. Das Schaftmodell, in das die Kundenmaße mit Winkelmesser und Zeichendreieck übertragen wurden, liefert die Zuschnittvorlagen für die einzelnen Schaftteile. Es ist aus Papier und einer Werkzeichnung vergleichbar. Der Leisten, eine hölzerne Nachbildung des Fußes, ist industriell gedreht worden, wird in der Werkstatt auf seine individuelle Maßtreue geprüft und vom Stiefelmacher nachgebessert. Damit verfügt er über eine plastische Form für das spätere Verbinden von Boden und Schaft.

Sind die Leder bis auf den Kern mit einem Messer von letzten Fleischresten befreit *(ausgeschärft),* dann zugeschnitten oder ausgestanzt wor-

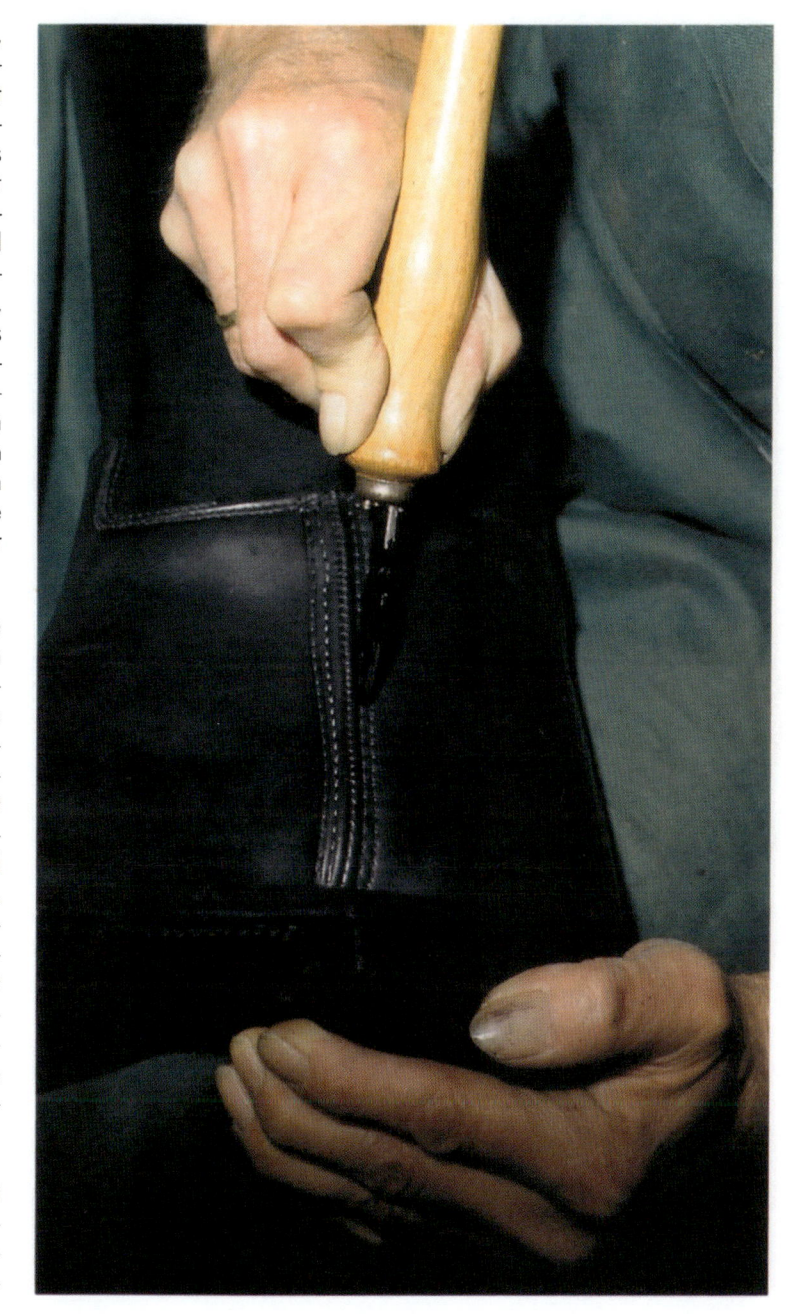

Abbrennen der Seitennähte

DER REITSTIEFEL-SPEZIALIST

Bei Reparaturen muß sorgfältig mit einer Lupe im alten Stich genäht werden

den, werden sie verklebt und versteppt. Von den Verschluß- und Seitennähten abgesehen, ist der Schaft fertig und kann zum erstenmal *geblöckt* werden. Die geblöckten Stiefel auf unserem Photo lassen die oben herausragenden Blöcke mit Treibstöcken erkennen. Sie verlaufen in einer Nut des Blocks und spreizen ihn, wodurch sich das angefeuchtete, dehnbare Leder auf Millimetermaß bringen läßt.

Derweil kann sich der Stiefelmacher dem *Rangieren* des Bodens zuwenden. Die Brandsohle wird auf den Leisten geheftet und zugeschnitten. Vorder- und Hinterkappe werden zugeschnitten, ausgeschärft und überdies mit einer scharfkantigen Glasscherbe geebnet *(geglast)*. Sie können nun in den Schaft eingebracht, verkleistert und durch die *Überstemme* verbunden werden, einen Lederstreifen, der auf beiden Seiten des Fußes zwischen Futter- und Oberleder liegt.

Da der Reitstiefel eine rahmengenähte Handwerksarbeit ist und nichts mit verklebter Billigware gemein hat, gehört zum Rangieren wesentlich das sogenannte *Ausrangieren*: Die Brandsohle wird für die möglichst flache *Einstichnaht* vorbereitet, welche sie mit dem Schaft und den Schaft mit einem schmalen umlaufenden Lederstreifen zusammenfügt. Dies ist der *Rahmen*, den man umgangssprachlich meist einfach als Rand bezeichnet.

Das Verbinden der rangierten, auf den Leisten gehefteten Brandsohle mit dem vorbereiteten Schaft ist das *Zwicken.* Hierbei wird die äußerliche Form des Leistens wiedergegeben. Nach den Zugrichtungen des Leders muß Futter- und Oberleder stramm über den Leisten gezogen und mit Drahtnägeln rundum an der Brandsohle fixiert werden. Mit der Einstichnaht werden Brandsohle, Schaftmaterial und Rahmen fest miteinander verbunden. Vor jedem Stich wird der davorliegende Zwicknagel entfernt. Mit dieser Naht wird das Leder herangezogen.

Im weiteren Aufbau des Stiefelbodens wird er mittels einer Stahlfeder (genannt Gelenkfeder) und dem kräftigen Ledergelenkstück verklebt bzw. mit Holznägeln vernagelt. Im vorderen Teil egalisiert eine aufgeklebte *Ausballmasse,* Korkmehl etwa, den Boden. Die Langsohle (Laufsohle) wird aufgeheftet und kann nun zusammen mit dem Rahmen exakt nach der Form des Leistens beschnitten werden. Danach verbindet die *Doppelnaht* beide fest. Den Absatz baut der Stiefelmacher aus einzelnen Lederflecken auf. Der Absatz schließt mit dem Oberfleck ab. Dann werden mittels Raspel und Glas Kanten und Bodenfläche egalisiert. Nach dem farblichen Ausputz muß der Leisten herausgezogen werden.

Abschließend wird noch einmal geblöckt. Da die Seitennähte durchgehende sind, werden sie mit Hilfe eines Brenneisens mit Wachs verschmolzen *(abgebrannt).* Auf den Blöcken trocknen die Stiefel zwei bis vier Tage, dann besitzen sie ihre endgültige Form und Maße. 66¾ Akkordstunden hat ihre Anfertigung verschlungen, doch dafür sind sie von einer Güte, daß ein Paar Reitstiefel schon fünfunddreißig Jahre hält.

Die aufgeblöckten Stiefel zeigen die Eleganz individuell angepaßter Werkstücke

Das Regal mit den Blöcken

81

Der Sattler

Heute würde wohl kaum noch jemand zum Sattler gehen, wenn er eine Tasche oder einen Koffer braucht. Doch berufskundlich gehört deren Fertigung selbst da zu seinem Handwerk, wo sie nicht aus Leder, sondern bloß aus Hartfaserplatten gearbeitet werden. Freilich denkt man beim Sattlergewerbe zu Recht an Geschirre für Zug- und Reittiere, an Riemenzeug aller Art. Und natürlich an Sättel.

Wer einmal einen Sattel der ausladenden Sorte hochgehoben hat, fragte vielleicht nach dem bedauernswerten Tier, dem man außer dem Gewicht des Reiters diese zusätzliche Bürde zumutet. Die Sorge ist unnötig. Pferde vermögen schneller, länger und leichter zu laufen, wenn kein Gewicht unmittelbar auf ihr Rückgrat drückt. Natürlich sind Sättel keine Erfindung der Tierliebe. Der Reiter sitzt darin allemal sicherer, ganz zu schweigen vom Nutzen der Steigbügel.

Den Aufbau eines Sattels veranschaulicht man sich am besten, wenn man ihn nicht als einheitliches Gebilde, sondern als dreifaches sieht: Zum Reiter hin der Sitz, zum Pferd hin die Polsterung, dazwischen der Sattelbaum. Dieser Baum, ein dem Pferderücken angepaßter Holzrahmen aus zwei Längs- und zwei Querstreben, ist die Grundlage des Sattels, sein Gerüst. Von ihm wird in der Herstellung ausgegangen. Die vorderen, gewölbt über den Rücken verlaufenden Teile, auf denen der *Kopf* sitzt, werden *Orte* genannt. Die hin-

Auf dem Nähroß — erste Vorbereitungen für einen maßgeschneiderten Sattel werden getroffen

teren heißen *Gestellchen,* ihr oberer Bogen *After.* Man spricht auch, da für beide einst Baumgabeln, Zwieseln, genommen wurden, von *Vorder-* und *Hinterzwiesel.* Diese Querwölbungen werden durch die *Trachten* verbunden und sitzen so, daß über Widerrist und Pferderückgrat ein hohler Raum verbleibt, die *Kammer.*

Früher war der Sattelbaum aus massiver Buche, heute verleimt man dazu Sperrholz. Er wird mit Stahlschienen verstärkt und mit Kopfeisen versehen, behäutet, um die Metallteile vor Rost zu schützen, dann begurtet.

Das Gurtwerk besteht aus sehr starken Drillichbändern, die längs von Vorder- zu Hinterzwiesel und quer darüber verspannt werden. Die Spannung der Quergurte bestimmt, ob der Sattel einen flachen oder tiefen Sitz bekommt. Alle Gurte müssen sehr straff sein und dürfen sich um nichts lockern. An den querlaufenden wird später der Sattelgurt vernäht, der unter dem Bauch des Pferdes hindurchführt.

Die Arbeit auf dem Sattelbock gehört zu den vielen, teilweise komplizierten Arbeitsgängen des Sattlers

83

Der Sattler

Nach der Begurtung werden auf dem Sattelbaum die sogenannten Schenkelwulste angebracht, er wird mit Drell bespannt, mit einer Schaumstoffauflage als innerer Sitzfläche beklebt und in Form geschliffen. Den Sitz vollendet eine Überspannung aus besonders vorbereitetem Rinderleder. Dieses Sitzleder wird zunächst nur provisorisch aufgeheftet, ebenso wie die Kleinen Satteltaschen, die an ihm befestigt werden. Für das Vernähen muß nämlich der Sitz vom Sattelbaum noch einmal abgenommen werden. Die Kleinen Satteltaschen werden von Hand *gekedert*, d. h. nicht direkt aufgenäht, sondern mit einem randverstärkenden Lederstreifen als Einstichrahmen dazwischen. Die Großen Satteltaschen, jene auch *Seitenblätter* genannten Lederstücke, die links und rechts unter den Steigriemen herabhängen, werden am Gurtwerk vernäht und zudem auf den Sattelbaum genagelt. An ihnen sind vorn, um den Knien des Reiters Halt zu geben, gepolsterte Lederwülstse *(Kniepauschen)* eingearbeitet.

Englischer Sattel, wegen seiner Leichtigkeit geschätzt und vor allem im Reitsport benutzt

Nach dem Oberbau wendet sich der Sattler der unteren Polsterung zu. Das das Pferd schützende *Sattelkissen* folgt den Ausformungen des Sattels genau. In der Hauptsache besteht es aus zwei miteinander vernähten Teilen, die mit Wolle gefüllt sind und beidseitig des Pferderückens herabliegen. Zwischen ihnen und den Seitenblättern befinden sich *Flankenleder.* Sie werden am Boden des Sattelkissens vernäht, also an der zum Baum hin zeigenden Kissenseite, die aus einfachem Wasserbüffelleder ist und mit Jute aufgestrichen wurde. Für die dem Pferd zugewandte Seite nimmt der Sattler ein feineres Rinderleder.

Besondere Befestigungshilfen sind die *Ortschuhe,* die dort aufgenäht werden, wo die Orte den Kissenboden berühren. Wie kleine Taschen nehmen sie deren Enden auf, was der Sattler als *Einschuhen* des Baumes in das Kissen bezeichnet. Zusätzlich wird das Kissen an Kopf und After des Baumes geheftet und mit starkem Faden unter den Oberbau genäht.

Die Satteltaschen werden angepaßt

Der Segelmacher

Arbeitshalle mit Segeltüchern

Wer eine richtige Landratte ist, muß sich vom Segelmacher erst belehren lassen, wie der Wind in ein gutgenähtes Segel greift. Da entsteht nicht nur einfach Schub nach vorn. Ein regulärer aerodynamischer Vorgang entwickelt sich, zerlegbar in Vortrieb und Querkraft, die einen seitlichen Druck auf das Schiff ausübt. Darin gleicht das bauchige Segel dem gewölbten Flugzeugflügel. Beide sind sie nicht plan, und eben diesem Umstand verdanken sie das hilfreiche Spiel der aerodynamischen Kräfte.

Jeder Bootstyp verlangt sein besonderes Segeltuch. Nicht nur der unterschiedlichen Takelage wegen, die hier das Großsegel mit Fock und Flieger kombiniert, dort Klüver und Ketschsegel setzt und so bei Schaluppe, Kutter, Brigg, Gaffelschoner oder Bark auch ganz unterschiedliche Segelformen hervorbringt. Der Stoff selbst ist von Belang. So erhält der Weltumsegler unserer Tage eine vor UV-Licht schützende Imprägnierung, auf die ein Süßwasserkapitän gut verzichten kann. Allgemein gilt: Die Stabilität des Materials wächst proportional mit der Größe des Schiffes. Ausnahmen bestätigen die Regel. Denn anders als bei Tourenschiffen müssen selbst bei großen Regattabooten die Segel möglichst leicht sein. Sie halten freilich ihre Strapazen auch nur zwei statt der üblichen zehn bis fünfzehn Jahre aus.

Die Zeiten der Baumwoll(Makkol- oder gar Leinensegel sind lange vorbei. Polyester dominiert oder Nylon, dem man für feine leichte Spinnaker und Blister den Vorzug gibt. Auf seine Art muß der Segelmacher geradezu Stoffkunde treiben, so abweichend in der Güte können die von ihm zu wählenden Tuche sein. Deren Festigkeit prüfte er früher, indem er Probestreifen mit dem *Pricker*, einem Dorn mit Holzgriff, feststach und dann riß. Über die Geschmeidigkeit gab dem kundigen Meister ein einfacher Grifftest Auskunft. Heute werden Tuchmuster in Prüfmaschinen gedehnt oder an die Flügelenden der Flattermaschine gebunden, eine Art Propeller, der sie in Windeseile einen Härtetest absolvieren läßt. Sind die Streifen 20 Minuten lang herumgewirbelt, kontrolliert der Segelmacher ihren mechanischen Wertverlust, Abrieb und Dehnung, überschlägt Rotationsgeschwindigkeit, Drehzahl und Flügelradius, und vermag nun anzu-

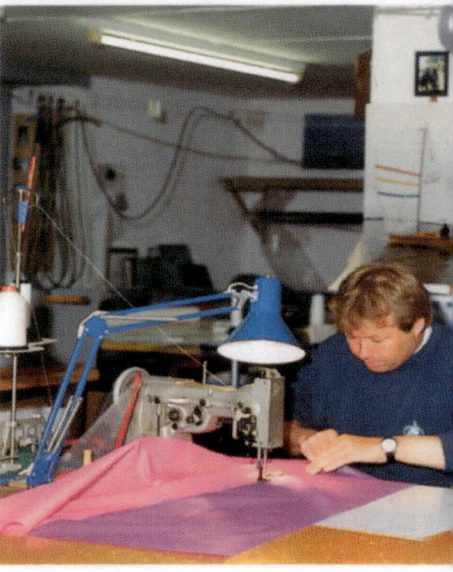

Bearbeiten der Kante

Buntes Material wird vernäht

geben, wie sich in dieser oder jener Zeit bei so und so starkem Wind das Segel verformen wird.

Seinen konstruktiven Anfang nimmt das Segelmachen beim Segelplan. Diese auch *Segelriß* genannte Seitenansicht des Schiffes ist eine Art Werkszeichnung des Bootskonstrukteurs, die exakt Segelmaße, Tuche und Gewicht bestimmt. Überhaupt sind alle wesentlichen Details in ihr festgelegt, auch die des künftigen Einsatzes (ob es sich beispielsweise um ein Schwer- oder ein Leichtwettersegel handelt). Eine hypermoderne Segelmacherei braucht nur ihren Computer mit diesen Daten zu füttern, woraufhin ein Plotter die graphische Darstellung auf das Segeltuch überträgt, dabei die einzelnen Bahnen für das Vernähen durchnumeriert, die Schnittlinien und -kurven einzeichnet, Reffreihen, Säume und Verstärkungen markiert. Für das Nähen gibt es Nähmaschinen, nur zugeschnitten wird noch von Hand. Die Segelmacherschere gleicht im wesentlichen einer mittelgroßen Haushaltsschere, die Ausführung aber ist derber und der Stahl besser.

Die alte Magie seines Handwerkes sei mit der Modernisierung verschwunden, räumt unser Segelmacher ein, der auch gleich den Grund der Veränderung anführt: seine vom vielen Umherrutschen lädierten Kniescheiben. Noch vor kurzem hat er nach traditioneller Art die Umrisse der Segel mit Kreide auf den Boden gezeichnet, das Tuch darüber entrollt, Bahn an Bahn genäht und die so gewonnene Fläche gemäß den Bodenmarkierungen grob zugeschnitten. Heute werden nicht einmal mehr die für die Bauchigkeit verantwortlichen Abnäher extra eingenäht, sondern der elektronische Rechner »plottet« von vornherein so, daß man eine Bahn mit gerader Kante gegen eine gekurvte zu nähen hat. Der gewünschte Effekt bleibt der nämliche.

Die technischen Hilfsmittel mögen sich revolutionieren, der Wind hat sein eigenes Gesetz. Ihm gehorchend, werden weiterhin zur Versteifung Lattentaschen ins Großsegel genäht. Am Achterliek — das ist die dem Mast gegenüberliegende Segelkante — nehmen sie die Segellatten auf, die an Korsettstangen gemahnen (und in der Tat deren Dienste tun). Schon beim Zuschnitt muß die Webrichtung der Stoffbahnen berücksichtigt werden. Reißfestigkeit und Dehnungsverhalten des Segels hängen maßgeblich davon ab. Zu den traditionellen Arbeitsgeräten zählt die *Straklatte,* ein großes Kurvenlineal mit dem Vorteil, sich beliebig biegen zu lassen. Bei so mancher Zeichnung greift der Segelmacher gern darauf zurück. Erst werden die Enden, dann am Kantenverlauf weitere ausgesuchte Punkte auf dem Boden mit Ahlen fixiert, wobei die Straklatte unter Spannung gerät und ideale Bögen erzeugt.

Die großen zugeschnittenen Segelteile müssen zur Verarbeitung zusammengelegt werden

87

Der Seiler

Das Seilerhandwerk entwickelte sich besonders in den Zentren von Gewerbe und Handel. So war es von Anbeginn eng mit der Fischerei und dem Schiffsbau verbunden, gedieh aber auch dort vorzüglich, wo beispielsweise Bergbau betrieben wurde und daher Bedarf an Grubenseilen bestand.

Hanf war lange Zeit das bevorzugte Material für Seile. Seine Fasern schneiden im Vergleich mit der Haltbarkeit, Reiß- und Scheuerfestigkeit anderer Naturfasern besonders gut ab. Von Kunstfasern allerdings werden sie hierin noch übertroffen. Dennoch besitzt das Hanfseil eine für so manchen Gebrauch nicht zu verachtende Eigenschaft: Es wird bei Reibung in der Hand nicht heiß. Ein Grund, warum sich ein Kunststoffseil in einer Turnhalle von vornherein verbietet. Ästhetische Vorlieben gibt es sicher auch.

Die *Hanffaser* wird zunächst in Wasser eingeweicht *(gerottet)* und dann, beim *Hecheln*, von den kurzen Fasern (dem Werg) befreit.

Um aus den langen Fasern einen ersten *Faden* zu gewinnen, müssen sie versponnen werden. Bei der traditionellen Arbeitsweise bedient sich der Seiler eines in einem festen Gestell gelagerten, mit einer Handkurbel oder einem Motor getriebenen Seilerrades. Auf dem Gestell befindet sich eine Spindel mit Haken zur Befestigung der Fäden. Beim Spinnen hält der Seiler ein größeres Hanfbündel um den Leib geschlungen

Spleißarbeit

Die Werkstatt des Seilers ist ein langgestreckter, meist überdachter Hof, die 80 bis 240 Meter lange Seiler- oder *Reeperbahn.* Hier *schlugen* Generationen von Seilern ihre Litzen und Seile. Sie bedienten sich dabei einer ausgeklügelten Konstruktion: An einem Ende der Bahn befand sich das Seilergeschirr, ein Gestell mit drei oder vier Haken, die von einer Kurbel über ein Zahnrad angetrieben wurden. Jeder Haken drehte sich dabei um sich selbst. Am anderen Ende der Bahn war am Pfosten des *Ausziehwagens* (auch Nachschlitten genannt) ein einzelner Haken angebracht.

oder in einer Schürze bereit. Er legt nun eine Handvoll Fasern auf den sich drehenden Spinnhaken. Während er sich rückwärtsgehend davon entfernt und fortlaufend neue Fasern anlegt, wird der Hanf zu einem ersten Faden versponnen. Entsprechend konnte die Aufgabe einer Meisterprüfung lauten, es solle aus einem Kilogramm Rohhanf ein 900 Meter langer Faden entstehen.

Beim kraftvollen Flechten der Seilteile ...

... leistet der Priem, ein traditionelles Arbeitsmittel, wertvolle Dienste

DER SEILER

Inmitten von Zollstock, Messer, Schieblehre, Garn und Bleistift: zwei Prieme

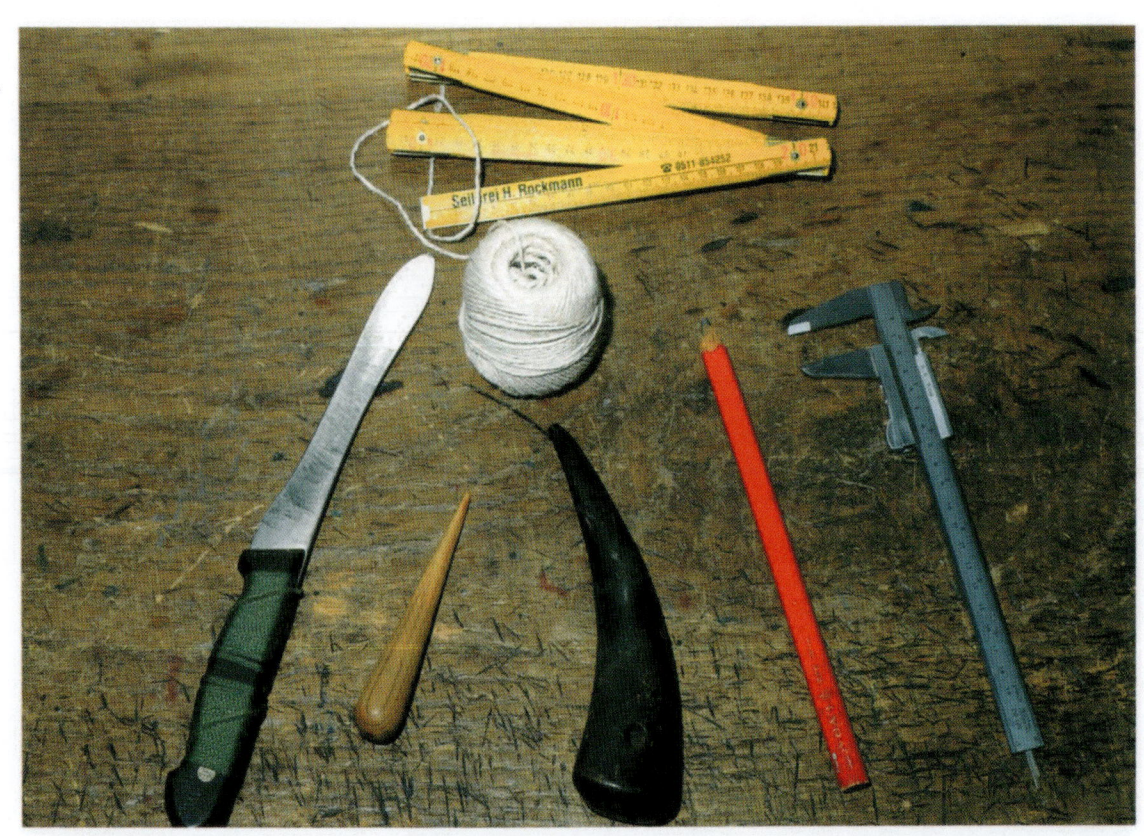

Hier wurde ein Garnende eingehängt, das Garn zum ersten Haken des Seilergeschirrs geführt, dann zurück zum Ausziehwagen, darauf zum zweiten Haken des Seilergeschirrs usw. Bis die *Legearbeit* für ein 60 mm dickes, 70 m langes Tau abgeschlossen war, marschierte der Seiler manchmal 15 Kilometer. Nun konnte das eigentliche Seilschlagen beginnen. Der Seiler hält mit Hilfe der *Lehre*, ein Leitholz von der Form eines Kegelstumpfes mit Längskehlen zur Führung der Seile, die Stränge kurz vor dem Ausziehwagen auseinander. Alsdann wird die Kurbel betätigt. Sind die Seile stark genug verdreht, kommt das Kunststück der Sache: Das Leitholz wird zum Seilergeschirr hinübergeschoben, und im Nu verdrehen sich die Seile durch ihre eigene Spannung hinter der Lehre innig miteinander.

Eine *Litze* entsteht, wenn mehrere (aber mindestens drei) Fäden verarbeitet werden. Drei oder vier Litzen ergeben ein *Seil.* Aus einer Anzahl von Seilen, wiederum zusammengedreht, entsteht ein *Tau,* und aus drei oder vier Einzeltauen (die jetzt *Kardeelen* heißen) eine *Trosse.*

Es existieren nur noch wenige Betriebe mit traditioneller Seilspinnerei und -schlägerei. Im Mittelpunkt der Seilerarbeit steht jetzt die kundennahe *Spleißarbeit.* Nur von Hand lassen sich Seile auf individuelle Längen konfektionieren und die einzelnen Litzen am Seilende zu Schlingen ausbilden oder durch Einflechten derart abrunden, daß sie nicht ausfransen können. Hierbei können Seile auch verlängert, durch Verflechten ihrer Enden miteinander verbunden werden.

Der Aufbau eines Seiles hat sich trotz des Aufkommens von Chemiefasern kaum verändert. Seile aus Naturfasern treten aber immer mehr in den Hintergrund. Sie sind weniger pflegeleicht und müssen, um lange haltbar zu sein, nach jedem Gebrauch gut getrocknet werden. Da naß gewordene Fasern sich beim Trocknen zusammenziehen (kriechen), können Hanfseile bis zu einem Drittel ihrer Länge verlieren. Früher ölte man sie, damit sie nicht steif wurden. Von Haus aus steif ist das Schornsteinfegerseil. Es wird extra geteert (was man deutlich riecht), ebenso wie das Lasso, dessen große Schlinge überhaupt nur dadurch ihre Form beim Wurf bewahrt.

Ein gutes Tau hat formstabil zu sein. Weder darf es sich bei Nässe und Belastung ausdehnen, noch beim Trocknen einlaufen. Höchste Qualität gehört seit je zur Seilertradition. Denn vom sprichwörtlichen »seidenen Faden« sollte in der Seefahrt die Sicherheit nicht abhängen.

Hanfseil

Der Stellmacher

Noch lange bevor im Vorderen Orient um 2300 v. Chr. erste Speichenräder in Gebrauch kamen, wurden Räder aus einem einzigen massiven Stück Holz hergestellt oder aus mehreren dicken Brettern zum Rad gezimmert.

Mit Aufkommen des Handels wurden im Mittelalter erste Wagen und Karren zum Transport von Gütern verwendet. Der 1457 in dem ungarischen Ort Kocs gebaute Wagen zur Beförderung von Personen gab der Kutsche ihren Namen (Kutsche = ung. *kocsi*). Bis ins 15. Jahrhundert galt Reiten für vornehmer als Fahren. In einigen Regionen des Deutschen Reiches war es zunächst sogar verboten, derartige »Faulenzerwagen« zu benutzen. Der Herzog von Braunschweig verbot seinen adeligen Untertanen noch 1588 das Kutschenfahren, weil es ihrem Stand unwürdig sei. Seine Verbreitung war aber nicht mehr aufzuhalten. Das Handwerk des Stellmachers oder Wag-

Zuschneiden eines Felgenstückes an der Bandsäge

Bohren der Nabe

ners, wie es in Süddeutschland heißt, florierte. Um so mehr, als es im 16. Jahrhundert gelungen war, die Federungen zu verbessern. Man baute jetzt die prächtigsten Gefährte für den Adel. Das Vermietungsbüro für Lohnkutschen im Pariser Hôtel St.-Fiacre gab den Namen *Fiaker.* 1782 wird der erste geschlossene Postwagen gebaut, Achse und Steuerung werden verbessert.

Die Bevölkerung auf dem Lande baute sich ihre Wagen meist selbst. Vor der Arbeitsteilung im vergangenen Jahrhundert verstand es jeder Bauer, einfache Fuhrwerke und Ackergerät herzustellen. Der Schmied versah sie mit den eisernen Teilen und Beschlägen. Nur die kompliziert zu bauenden Räder ließ man sich vom Radmacher anfertigen.

Ein Rad aus Holz und Eisen ohne jeden Nagel, ohne Bolzen oder Klebstoff zu bauen, erfordert viel Geschick, Erfahrung und Sinn für Genauigkeit. Das Kernstück eines Holzrades ist die gedrechselte Nabe. Sie ist aus Ulmenholz, das auch dann nicht reißt, wenn Zapflöcher hineingestemmt werden. Als zusätzlicher Schutz vor dem Splittern werden zwei Metallreifen in heißem Zustand aufgezogen. Jetzt kommt die Nabe in ein Gestell, und es beginnt eine der schwierigsten Arbeiten beim Radbau. Die Zapflöcher für die Speichen werden markiert, vorgebohrt und ausgestemmt, leicht konisch in dem Winkel, in dem die Speichen eingesetzt werden sollen. Ein normal großes Rad hat zwölf Speichen. Gemacht werden sie aus dem haltbaren Holz der Eichen, denn ihre Beanspruchung ist außerordentlich. An beiden Enden weisen sie Verbindungszapfen auf: Für die Zapflöcher in der Nabe sind sie rechteckig und an der Seite für die Felgen rund. Die sechs Felgenstücke werden nach einer Schablone mit der Bandsäge aus Eschenholz geschnitten. Es ist elastisch und trotzdem haltbar. Jede Felge nimmt zwei Speichen auf. Starke Eichendübel passen die einzelnen Felgensegmente aneinander. Die endgültige Verbindung aller Teile entsteht aber erst, wenn der Eisenreifen aufgebracht wird.

Der geschmiedete Reifen wird rotglühend erhitzt — im Umfang dehnt er sich dabei auf 1 m etwa um 1 cm aus — und gleich auf das Rad aufgebracht, mit Schmiedehämmern festgeschlagen und sofort mit Wasser abgekühlt, damit das Holz nicht zu brennen beginnt. Hierbei verbinden sich alle Teile des Rades fest miteinander. Mit dem *Nabenbohrer,* einem großen eisernen Hohlbohrer, bohrt der Stellmacher die Nabe aus. Sie nimmt später die gußeiserne Buchse für die Achse auf.

Werkzeuge kommen in der Stellmacherei meist vom Vorgänger auf den Nachfolger. Es sind bewährte wohldurchdachte Geräte, die sich kaum verbessern lassen. Auf der Schnitzbank werden die Speichen mit dem Zugeisen bearbeitet. Die Nabe entsteht auf der Drehbank, dabei werden Form und Abmessung immer wieder mit großen gebogenen Tastzirkeln überprüft. Wichtig für paßgenaues Arbeiten sind auch die Lehren zum Messen des Radumfanges. Da sind auch noch die Schablonen unentbehrliche Hilfsmittel bei der Anfertigung der Radfelgen.

Mit Aufkommen der Vollgummibereifung an Ackerwagen begann, was Luftgummibereifung und zunehmende Motorisierung besiegelten: der Stellmacher ist ein seltener Beruf geworden. Um so gesuchter ist er als Fachmann, wenn es darauf ankommt, eine alte Kutsche zu restaurieren oder noch einmal eine neue zu bauen. Seine modernen Nachfahren, die Karosseriebauer, wüßten da wohl wenig Rat.

Radnabe mit Speichen

93

Der Stukkateur

Ein altes Stück Reliefstuck

Nach Deutschland kam die *Gipskunst* im Mittelalter; reisende Handwerker brachten sie aus Italien mit. Die Technik, mit Mörtel plastische Ausformungen auf Decken, Gewölben und Wänden zu gestalten, hat in den Jahrhunderten kaum Veränderungen erfahren. Stuck war lange Zeit der am häufigsten für dekorative Zwecke verwendete Werkstoff. Einfacher, schneller und darum auch kostengünstiger als ein Steinmetz oder Holzbildhauer es vermochte, konnte ein Stukkateur filigrane Verzierungen »in Serie« herstellen.

Gemeinsam mit Baumeistern und Freskenmalern schufen Stukkateure die prächtigen Innenräume von Kirchen der Renaissance, des Barock und Rokoko, wie wir sie heute noch in Bayern bewundern können (z. B. die Wallfahrtskirche *Die Wies* im Voralpenland). Der protestantische Norden Deutschlands weist wenige Beispiele ihrer Kunst auf. In der Michaeliskirche in Hildesheim gibt es ein Stuckrelief von 1186, das Heilige in sorgfältig gefalteten Gewändern innerhalb halbkreisförmiger Baldachine stehend zeigt.

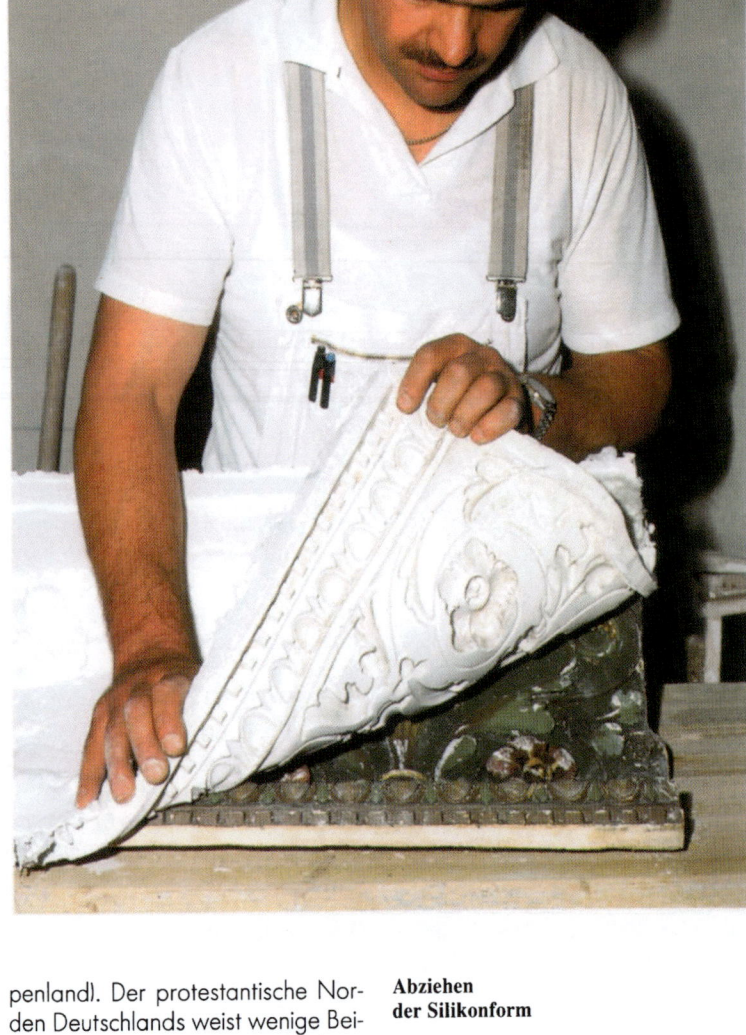

Abziehen der Silikonform

Das prosperierende Bürgertum der Gründerzeit fand Geschmack an dieser Kunst des Dekorativen. Die reich verzierten Fassaden und Stuckdecken ihrer Häuser stellen den Stukkateur von heute vor neue Aufgaben. Häufig ist die Restaurierung beschädigter oder nur fragmentarisch erhaltener Stuckornamente. Von einem unversehrten Original läßt sich mit Hilfe einer Silikonform (früher war sie aus Leim) ein Abguß formen. Diese Negativform wird in zwei Schichten mit Gipsstuck ausgegossen und mit dazwischenliegenden Glasfasern armiert (ursprünglich wurde dafür Jute, Hanf oder Flachsgewebe, ja sogar Tierhaar verwendet). Das Gießen erfordert namentlich ein hohes Geschick, wenn die Formen haarfeine Strukturen enthalten. Für derartige Arbeiten verwendet man Modellgips, der durch Zusätze besonders hart wird und sich leicht aus der Form lösen läßt. Das fertige Ornament wird mit einer dünnen Gipscreme an der Wandfläche verklebt oder, falls es die Decke schmücken soll, verschraubt.

Umlaufende Bänder an Decke und Wand werden mit Schablonen, die als Negativprofile der späteren Form zugeschnitten sind, am Bau direkt *gezogen.* Dafür wirft der Stukkateur dünnflüssigen Feingipsmörtel mit der Kelle direkt an und zieht zunächst einen Grundkern vor. Dieses Abziehen des Kerns mit der Schablone muß er drei- bis viermal wiederholen. Ein Gipsprofil läßt sich aber auch auf dem Tisch in der Werkstatt vorziehen und später nach einem Plan anbringen, oftmals ergänzt mit Versetzstuck (Ornamente, Blattwerk, Putten).

Um die Abbindezeit zu verzögern und die Verarbeitungszeit auszudehnen, fügte man dem Gips Fisch- oder Knochenleim, Rübensirup, Zucker oder Wein hinzu (in Einsiedeln z. B. verarbeitete man 1724—1726 in der dreijährigen Bauzeit siebenundfünfzig Eimer Wein). Leim, Mandelöl und geronnene Milch machen den spröden Stuck geschmeidig. Für eine größere Festigkeit wurden Eisenspäne oder Quark untergerührt. Heute kommen die Hilfsmittel aus der Retorte. Aber nicht nur die »Zutaten« entscheiden über die Qualitäten des Gipses, auch das Anmachwasser, die Temperatur und Feuchtigkeit des Ortes, die Art und Dauer des Umrührens usw.

Zuweilen werden auch Innenraumflächen vom Stukkateur mit Stuck geglättet. Früher war dieser Gipsverputz idealer Grund für Wand- und Deckenmalerei. Der Stukkateur von heute hat neben der Lackierfähigkeit auch für die Flucht- und Lotrechtigkeit Sorge zu tragen.

Für eine Sonderform dieser Technik, den aufwendigen Glätt- oder Glanzputz, schafft der Stukkateur

Silikonform vor dem Ausgießen mit Gips

DER STUKKATEUR

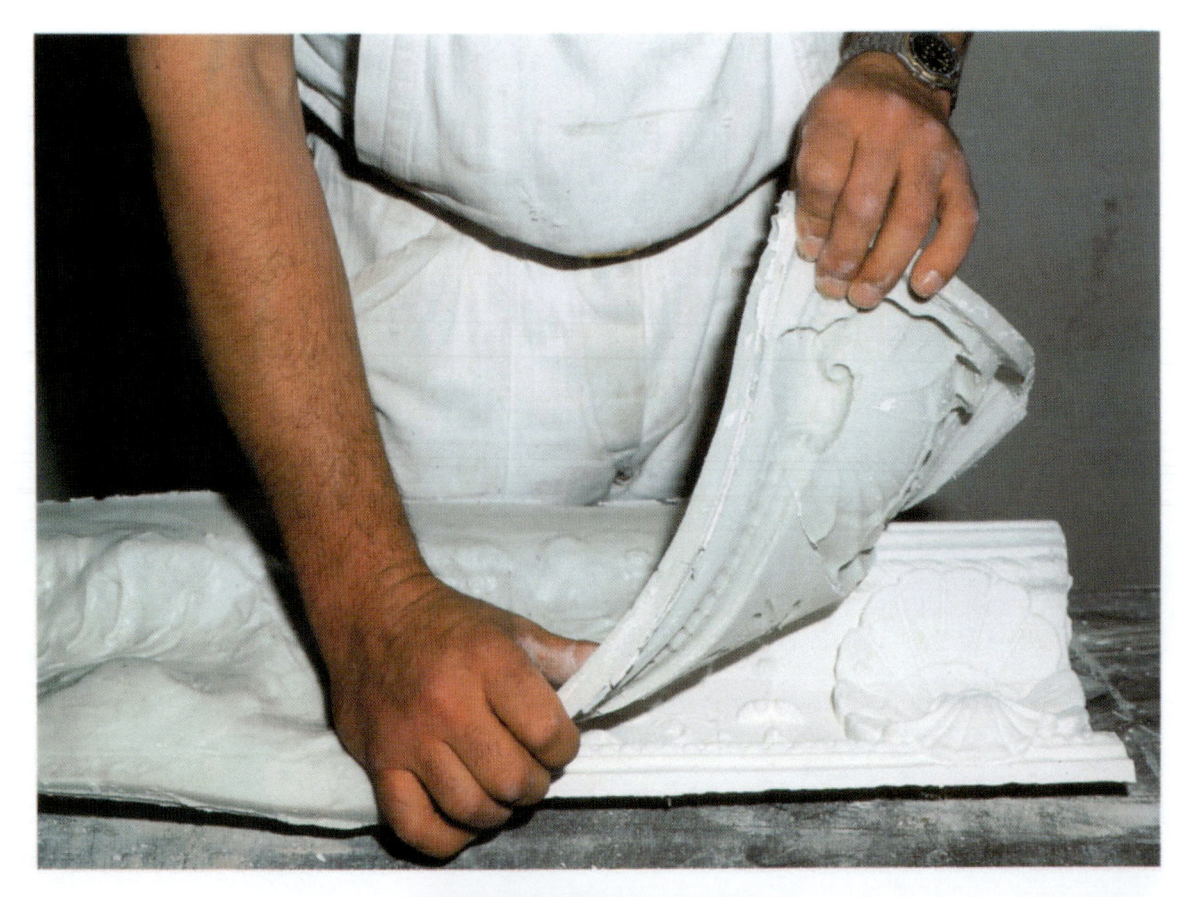

Entfernen der Form vom abgehärteten Stuck

Ein neues Stuckrelief ist entstanden

zunächst einmal einen Unterputz aus reinem Kalkmörtel mit scharfem Sand. Dieser Auftrag muß gut abgebunden haben, bevor er den Feinmörtel aus Gips und leichtem Leimwasser (was zu schnelles Abbinden verhindert) mit einem großen, dünnen Buchenreibebrett aufziehen und anschließend mit einer Stahlkelle glätten kann. Hat er sorgfältig gearbeitet, besitzt die Oberfläche der Wand danach einen matten Glanz. Zu Hochglanz läßt sie sich mit einer Mixtur aus Wasser, Wachs, Seife und Weinstein polieren.

Mit dem *Stuckmarmor* entsteht ein Stuck, der dem Marmor an Glanz, Glätte und Farbigkeit zu gleichen versucht. Dafür werden einem hochwertigen Gips (z. B. Alabastergips, der besonders hart wird) Farbstoffe beigemengt (angeteigt) und Steinbrocken zugegeben. Sie sind Mittel, Grundfarbe und Aderverlauf des Natursteins nachzuahmen. Um den typischen Farbverlauf zu erzeugen, zieht und drückt der Stukkateur die Zusatzstoffe im Gips hin und her. Eine Technik, die viel Geschick und Erfahrung verlangt. Es ist kein »billiger Marmor« mehr, der so entsteht, denn die folgenden Schleif- und Polierarbeiten sind äußerst arbeitsintensiv. Säulen, Pilaster, auch die Vorderseite von Altären wurden gern damit verschönt.

Die Kunst des Dekorativen – ein neues Ornament wird begutachtet

Die Teppichknüpferin

Beim Restaurieren. Vorne türmt sich der Garnvorrat

Man kann ihn auch weben oder flechten, ja unter den in Europa hergestellten Exemplaren überwiegen die gewebten bei weitem — doch die klassische Art, einen Teppich herzustellen, ist das Knüpfen. Fast alle orientalischen Teppiche werden auf diese Weise angefertigt. Bei bis zu 500 000 Knoten/m² ist dies ebenso langwierig wie kostspielig, zumal den zahlreichen Versuchen, die Handknüpferei durch mechanische Verfahren zu ersetzen, kein rechter Erfolg beschieden ist. Eine dichtflorige Qualität wie den turkmenischen *Bochara* hierzulande herzustellen, dürfte seinen Preis ins Astronomische steigen lassen. Gleichwohl hat man sich auch in Deutschland mit der Handknüpferei nach orientalischem Muster befaßt. Um 1850 wurden auf Veranlassung der preußischen Regierung die türkischen Smyrnateppiche an ihren Herstellungsorten studiert, später sogar gewerbliche Teppichknüpferei in Cottbus, Schmiedeberg, Wurzen und Springe angesiedelt.

Der älteste noch erhaltene Knüpfteppich stammt aus einem skytischen Hügelgrab des 5. vorchristlichen Jahrhunderts. Nomadisierende Hirten erzeugten wahrscheinlich als erste grobe wollene Teppiche, mit denen sie ihre Zelteingänge vor Wind und Regen schützten. Und läßt sich ein für ihr Umherstreifen geeigneteres Mobiliar vorstellen? Eine wärmende Lagerstatt, im Nu zu entrollen. Als bewegliche Wände, die die weiten Räume in Gemächer unterteilten, dienten die Teppiche in den Palästen Assyriens, Babyloniens und Persiens. Ihre Hofmanufakturen leiteten Meister, die für ihre Kunst hoch angesehen waren.

Verglichen mit Webstühlen fällt die Mechanik eines Knüpfstuhls bescheiden aus. Die traditionelle Technik begnügte sich mit zwei Baumstämmen als Rahmen; einer etwas höher angebracht, der andere parallel dazu am Boden liegend. Dazwischen ist eine enge Reihe senkrechter Fäden gespannt, die Kette, in die sich kurze farbige Woll- oder auch Seidengarne knoten lassen. Je nachdem, wie viele Kettfäden dabei umschlungen werden, unterscheidet man zwischen ein-, zwei- und vierfädiger Knotung. Beim zweifädigen Smyrnaknoten wird ein wenige Zentimeter langes Wollgarn quer vor zwei Kettfäden gelegt, seine Enden werden um sie herumgeschlungen und in der Mitte dieser Doppelkette zusammen wieder nach vorn geführt, so daß sie daraus als Flor hervorstehen. Auch der Perserknoten ist zweifädig, er liegt jedoch nur um einen Kettfaden als vollständige Schlinge. Dadurch ist er für sich genommen weniger straff, was dem Teppich als Ganzem nicht zum Nachteil gereichen muß: An Weichheit und Geschmeidigkeit übertrifft der *Perser* einen *Bochara* allemal. Für innere Festigkeit sorgt die Teppichknüpferin, indem sie auf jede Knotenreihe mit dem *Klopfeisen* schlägt, einem kammartigen Werkzeug aus Holz oder Metall, dessen Zähne zwischen die Kettfäden greifen. Und noch bevor sie mit den nächsten Knoten beginnt, trägt sie zwei Schußfäden ein, die ebenfalls fest angeklopft werden.

Ob persischer *Herat*, turkmenischer *Bochara*, anatolischer *Uschak* — jede der dem Teppich den Namen gebenden Städte oder Regionen besitzt ihre typischen, über Jahrhunderte tradierten Muster. Geübte Knüpferinnen kennen sie so genau, daß ein Blick auf die Vorlage nur selten nötig ist. Abweichungen in der Farbe führen dazu, daß selbst bei Mustergleichheit mehrerer Exemplare jeder Teppich ein Einzelstück bleibt.

Besonderes Geschick erfordert die Restauration. Zunächst muß der Aufbau des Teppichs, die Verknotung der Florfäden im Untergeflecht aus Kette und Schuß, rekonstruiert werden. Sodann bessert die Knüpferin mit viel Geduld, Fingerspitzengefühl und Ausdauer die schadhaften Stellen mit kostbaren Seidengarnen oder Wollfäden aus, wozu sie Pinzette, Zange, Nähnadeln in allen Größen und eine besondere Schere verwendet. Um den passenden Farbton treffen zu können, muß sie einen großen Garnvorrat bereithalten, gegebenenfalls Rohmaterial nachfärben.

Das Säumen des Teppichrandes erfordert besondere Aufmerksamkeit

Typische Werkzeuge und Hilfsmittel

Die Töpferin

Gefäße aus Ton zu formen, verstanden die Bewohner Indiens schon 9000 v. Chr., wie 1986 eine Ausgrabung im Tal des Ganges bezeugte. Die Töpferscheibe, durch die das Modellieren wesentlich erleichtert wird, ist bedeutend »jünger«. Sie wurde von den Töpfern Mesopotamiens vor 4000 Jahren erfunden. Über Ägypten, deren Handwerker den Fußantrieb entwickelten, kam die Technik des Formens, der Oberflächenbearbeitung und des Brennens nach Griechenland. Vom griechischen *keramos* leitet sich das Wort Keramik als Bezeichnung für Gegenstände aus gebranntem Ton ab.

In Mitteleuropa formten die Menschen seit der Jungsteinzeit einfache Tongefäße, die aus Tonwülsten aufgebaut, geglättet, an der Luft getrocknet und am offenen Feuer gehärtet wurden. Seit dem Mittelalter florierte das Töpferhandwerk besonders in Städten und Dörfern, die sich in der Nähe geeigneter Tonlagerstätten befanden.

Aus rotem Töpferwarenton werden vorwiegend alltägliche Gebrauchsgegenstände hergestellt, beispielsweise Blumentöpfe. Daß sie nicht nur von genormter Größe und einheitlicher Form sein müssen, führen uns die Töpfer Südeuropas mit Terrakotta, Fayencen und Majolika vor Augen.

Der Gefäßrand wird geformt

Für Geschirre allerdings eignet sich der rote Ton kaum. Das Material ist porös und wasserdurchlässig. Selbst mit einer einfachen Glasur hält es den Anforderungen im täglichen Gebrauch nicht stand. Der helle Steinzeugton dagegen läßt sich bei hohen Temperaturen brennen. Er *sintert,* d. h., er verschmilzt in sich und gewinnt dadurch jene Oberflächenhärte, die Steinzeuggeschirr auszeichnet. Der Ton wird feucht gelagert und vor der Verarbeitung durchgeknetet, damit auch das kleinste Luftbläschen herausgedrückt wird. Es könnte das Gefäß beim Brennen zum Bersten bringen.

Mit Fingerspitzengefühl . . .

. . . und immer wieder angefeuchteten Händen wird der Ton geformt

Die Töpferin

Das Drehen eines Gefäßes wird mit dem Zentrieren des Tonklumpens auf der sich drehenden Scheibe begonnen — eine Arbeit, die viel Erfahrung erfordert und die, wie Anfänger berichten, zu den schwierigsten des Töpferns überhaupt gehört. Ist es geglückt, und der Ton dreht sich symmetrisch auf der Scheibe, drückt ihn die Töpferin solange mit beiden Handflächen nach unten und außen, bis die gewünschte Stärke des Gefäßbodens erreicht ist. Die Hände werden bei der Arbeit immer wieder angefeuchtet, um den Ton geschmeidig zu halten. Mit den Fingern einer Hand zieht sie die Gefäßwand von innen her hoch, gleichzeitig formt die andere Hand die Außenseite. Ist die Grundform erreicht, läßt sich, auf der nunmehr stillstehenden Scheibe, die runde Form zur ovalen ausarbeiten. Mit einer Drahtschlaufe trennt die Töpferin das frisch geformte Gefäß von der Scheibe. Nun können Henkel und Griffe angebracht und Öffnungen ausgeschnitten werden. Soll das Gefäß ein Krug werden, zieht die Töpferin den Gefäßrand zu einer Ausgußtülle aus.

Nach etwa einwöchigem Trocknen bei Raumtemperatur werden die Stücke das erste Mal gebrannt (*Schrühbrand* bei 800° Celsius). Die feste Form ist nun vorhanden, Farbe und Dekore können aufgebracht werden. Bei Steinzeug ist eine Glasur nicht unbedingt nötig, denn der Scherben ist von Natur aus wasserundurchlässig. Sie erzeugt aber auf dem sonst matten Gegenstand einen schönen Oberflächenglanz. Jedes Stück wird dazu in Farbe getaucht oder mit Farbe überschüttet. Neben den traditionellen, oftmals regionalen Farbgebungen und Bemalungen (z. B. die Blaubemalung des grauen Westerwälder Steinzeugs) besitzt jede Werkstatt ihre eigene Methode. Auch unsere Töpferin hat ihre spezielle Rezeptur. Sie mischt die Farbe aus verschiedenfarbigem Gesteinsmehl und Wasser an.

Beim zweiten Brennen wird die Glasur bei hoher Temperatur (1250° Celsius) eingebrannt. Bei der Schmelze des mineralischen Überzugs entsteht eine glasartige, glatte Oberfläche. Heute werden elektrisch- oder gasbetriebene Schamottsteinöfen benutzt. Sie liefern gleichmäßig hochwertige Produkte. In traditionellen Brennöfen, die mit offenem Feuer arbeiteten, ließen sich Glasuren ganz eigener Schönheit brennen. So etwa, wenn ein Gefäß vom Feuer ungleichmäßig geflammt oder ihm durch ein besonderes Brennmaterial ein ungewöhnlich leichter seidiger Schimmer verliehen wurde.

Die eine Hand kontrolliert die Innenlaibung, während die andere für die Oberflächenstruktur sorgt

Mit der industriellen Produktion von einfachem und preiswertem Gebrauchsgeschirr aus Steingut, Glas und Aluminium begann von 1870 an ein Niedergang der Töpferei. Viele traditionelle Bereiche der alten Töpferkunst sind durch die keramische Massenproduktion abgelöst worden. Für künstlerische Keramik ist sie dennoch keine Konkurrenz. Gerade, weil es die Massenproduktion gibt, sind individuell gestaltete Keramiken dem Kunden heute lieb und teuer.

**Steinzeuggeschirr
vor dem Glasieren**

Der Vergolder

Ein wenig Hautfett beseitigt die statische Aufladung des Anschießers

Der Beruf des Vergolders ist historisch aus dem Malerhandwerk entstanden. Beide verwendeten schon früh sehr dünne Goldplättchen, die von einem Goldschläger gefertigt wurden. Blattgold, mühsam mit bis zu acht Kilogramm schweren Hämmern geschlagen, ist nach einigen tausend(!) Schlägen bewundernswert fein: Als bei der Wiederherstellung des Goldenen Reiters in Dresden eine Fläche von immerhin 40 m² zu vergolden war, wurden dafür nur 140 Gramm Blattgold benötigt. Das ist so wenig vorstellbar wie die Stärke des einzelnen Blättchens, die heute mit einem achttausendstel Millimeter angegeben wird.

Die Arbeit des Vergolders ist vielfältig, richtet sich neben der Neuvergoldung auch auf das Restaurieren und ist in der Wahl der Gegenstände kaum beschränkt: Uhren, Möbel, Bilderrahmen wurden und werden seinen fachkundigen Händen ebenso überantwortet wie etwa Stuck, Skulpturen oder Altarteile in Kirchen. Vergolden läßt sich prinzipiell jedes Material, wenn auch mit wechselndem Vorzug. Für die Anfertigung eines Bilderrahmens ist Linde ideal, ein recht weiches und porenfreies Holz, das leider zunehmend rarer wird. Zunehmend auch springt heute die Maschine da ein, wo traditionellerweise die Hölzer auf einer Stanze zu Leisten geschnitten werden. Sind die Leisten gerichtet und zum Grundgerüst des Rahmens gefügt, kann der Vergolder an sein eigentliches Werk gehen.

Bereits die ersten Schritte entscheiden über Wert und Güte des Künftigen. Nahezu alles hängt an der Grundierung, wie sie für eine Glanzvergoldung, die wertvollste der Überzugsarten, nötig ist. Voran steht das *Lorchen*, das Tränken des Holzes mit Leim. Sodann werden Kreidegründe aufgetragen, bestehend aus einem Gemisch von Kreide, Chinakly und Knochenleim. Der erste Grund wird mit dem Pinsel nur getupft, nicht gestrichen. Ihm folgen nach jeweils leichtem Zwischenschliff drei bis vier weitere. Grundsätzlich wird die Masse warm verarbeitet. Ein höherer Kreideanteil macht aus ihr die knetbare *Vergoldermasse*, die benutzt wird, wenn der Rahmen Verzie-

**Das Blattgold wird
auf verschiedenste
Gegenstände aufgebracht**

105

Der Vergolder

rungen erhalten soll. Dann wird in Schwefelformen ein Abguß gefertigt, der sich nach dem Abbinden der Masse auf den Rahmen leimen läßt. Die Formen wiederum sind Schwefelabgüsse von Originalmustern, die sich der Vergolder einst selbst schnitzte, mittlerweile aber fertigen läßt.

Wenig hat der Fortschritt vom Schwefel zum Silikonkautschuk gebracht. Wer noch seinen alten Formenvorrat besitzt, wird sich nur schwer von ihm trennen: Die damit geschaffenen Muster sind exakter. Die Abgüsse werden mit Bimsstein geschliffen, die Tiefen der Ornamente mit Schachtelhalm. Typischerweise findet man bei einem Vergolder eine große Auswahl von Schwefelformen, üppig-barocke so gut wie schlichte. Miteinander kombiniert, lassen sich trotz vorgefertigter Einzelmuster doch immer neue Unikate herstellen.

Gelorcht wird, diesmal mit einer stark verdünnten Leimlösung, abschließend auch der Kreidegrund. Auf diese strukturgebende Unterschicht folgt der *Bolus,* auch Polyment genannt, eine mit Hautleim (und viel Fingerspitzengefühl) angerührte Tonerde, die nach der Devise »Lieber viermal dünn als einmal dick!« aufgetragen und dazwischen mit Roßhaar poliert wird.

Bei der Glanzvergoldung

Nun erst, nach dem mehrfachen Auftrag zweier unterschiedlicher Grundierungen, kann beginnen, was dem Vergolder den Namen gibt: Blatt für Blatt nimmt er das ungemein dünne Edelmetall vom Vergolderkissen mit dem Anschießer auf und nähert es dem mit einer Wasser-Alkohol-Lösung (der *Netze*) quellfähig gemachten Bolus, der es jäh, noch vor aller Berührung, ansaugt. Der Raschheit dieser letzten Bewegung wegen spricht der Vergolder vom »Anschießen«; der sogenannte Anschießer ist eine Pappe, in die 3 bis 4 cm lange weiche Haare eingebunden sind. Durch Anreiben statisch gemacht, transportieren sie die Goldblättchen, die, zwischen die Finger genommen, glatt zu Staub zerfallen würden.

Pinsel und Schwefelformen

Die Vielfalt der Arbeit des Vergolders

Die Weberin

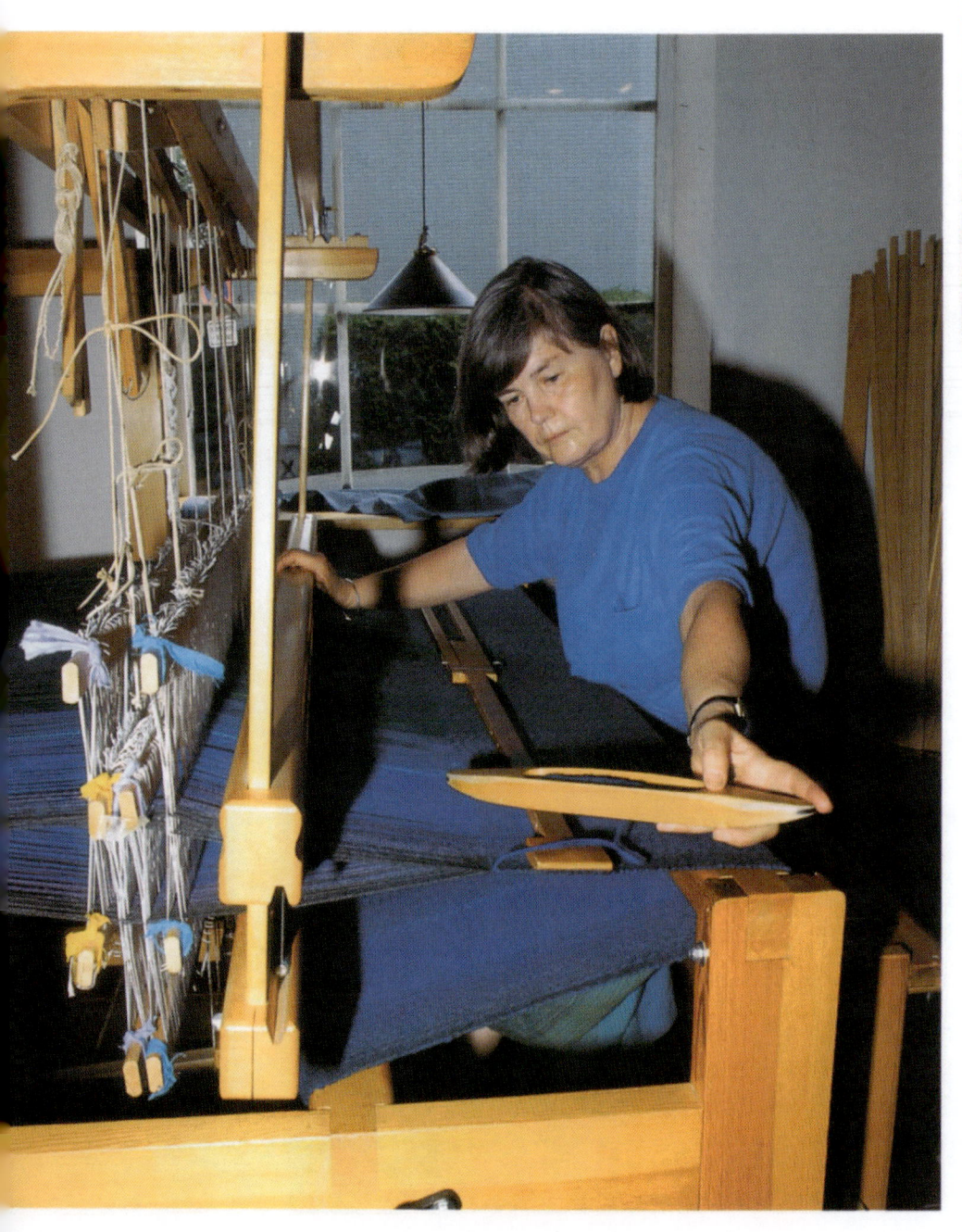

Vor dem Weberkamm wird das Schiffchen ...

... ins Webfach geführt und saust hindurch

Das Weben ist eine der ältesten Techniken; so sehr gehört es zum Kulturwesen Mensch, daß sich über seine Anfänge nur rätseln läßt. Auffällig ist seine Nähe zum Flechten. Teilen nicht beide den wahrhaft erfinderischen Kunstgriff, Flächen aus für sich genommen gänzlich unflächigen Bestandteilen zu erzeugen, einfach dadurch, daß sie diese verkreuzen? Zwar spricht der Korbflechter nicht von Schuß und Kette, wenn er seine querlaufenden Ruten zwischen die aufragenden Staken windet, doch das eine Prinzip gleicht dem anderen bis aufs Haar. Die Voraussetzungslosigkeit dessen allerdings, der seine Materialien in der Natur bloß einzusammeln braucht, teilt der Weber nicht. Kein Weben ohne Spinnen.

Bereits Textilien aus der Jungsteinzeit, wie sie im Grabhügel »Spitzes Hoch« bei Latdorf im Kreis Bernburg gefunden wurden, zeichnet eine überaus gleichmäßige *Bindung* aus. Das Lob auf die saubere und straffe Verriegelung der Fäden bei über 4000 Jahre alten Gewebestücken läßt sich durch den Hinweis ergänzen, daß schon die noch ältere ägyptische Kultur einfache Handwebstühle kannte. Bis zur Konstruktion des ersten funktionstüchtigen mechanischen Webstuhls durch den englischen Pfarrer Edmund Cartwright im Jahre 1784 war ein weiter, besonders im 18. Jahrhundert etappenreicher Weg: 1760 hatte Robert Kay die *Wechsellade* zum Einschießen verschiedenfarbiger Fäden erfunden, und noch einmal ein rundes Vierteljahrhundert früher, 1733, war seinem Vater John eine Vorrichtung gelungen, dank derer man das *Weberschiffchen* selbsttätig durch das *Webfach* sausen lassen kann: der sogenannte *Schnellschütze.*

Was ist ein Weberschiffchen? Eine überdimensionierte, wie ein kleines Kanu aussehende hölzerne Nadel, die den Schußfaden mitsamt Spule aufnimmt. Und was ein Webfach? Gleichsam ein Tunnel im Längsfadensystem, der dem Schiffchen eine freie Passage schafft, so daß es nicht im langwierigen Wechsel über und unter den Kettfäden hindurchgeführt werden muß. Dafür sorgen die *Webschäfte.* In der Seitenansicht des Webstuhls sind sie als vier an Schnüren hängende Rahmen zu erkennen, zwischen denen über Kreuz gespannte Litzen die in sie eingefädelten Kettfäden zum Fach aufspreizen. Bei der Leinwandbindung, der neben Köper- und Atlasbindung wichtigsten Art des Fadenkreuzes, hieße dies: Die Litzenreihe des Webschaftes A zieht jeden zweiten Kettfaden nach oben, während Webschaft B die übrigen nach unten zieht. Das Fach öffnet sich, das Weberschiffchen schießt hindurch, die Weberin bedient die langschäftigen *Tritte,* die über Schnüre mit den Schäften gekoppelt sind, Oben und Unten tauschen die Plätze, und das Schiffchen kann seinen Rückweg antreten, wobei es nun jeden Kettfaden unterfährt, den es vorher überfuhr.

Ist ein Schuß in das Fach eingetragen, muß ihn die Weberin gegen die bereits abgebundenen Schüsse anschlagen, damit das Gewebe dicht und fest wird. Mit ihrer Rechten zieht sie die Lade zu sich heran, einen Rahmen, zwischen dem feine Stäbe aus Rohr, Messing oder Stahl senkrecht eingespannt sind. Dieser auch *Weberblatt* oder *Riet* genannte Weberkamm ist Schlag und Kamm in eins: Die Schußfäden verdichtet er, die Kettfäden führt er und hält sie in säuberlichem Abstand voneinander. Die Konstruktion ist Teil eines größeren Schlagbaums. In der Seitenansicht erkennt man gut seine flexible Aufhängung in Kerben, wodurch er frei schwingen kann.

Bei der Urform des Webstuhls, wie er sich noch immer unter den Völkern Innerasiens finden läßt, wird die Kette einfach zwischen zwei Pflöcken gespannt. An deren Stelle sind im Webstuhl *Kett- und Warenbaum* getreten, zwei drehbar gelagerte Rundhölzer. Sie ermöglichen rationelles Ab- und Aufwickeln der Längsfäden bzw. des gewebten Stoffes, dessen Länge dadurch nicht mehr von der Größe des Rahmens diktiert wird.

Schiffchen vor dem oberen Holm der Blattlade

109

DER WERKZEUGSCHLEIFER

An der Elektroschleifmaschine

Messer gehören zu den ältesten Werkzeugen der Menschheit. Der Messerschmied ist der handwerkliche Vorfahr des Werkzeugschleifers. Gegenwärtig schmieden in Deutschland drei Messerschmiede hauptberuflich Schneidewerkzeuge höchster Güte. In der Regel aber ist das Messer eine industriell hergestellte Massenware.

Der Messerschmied bezieht den Stahl in dünnen Stangen. Hieraus werden Stücke gestanzt und gespalten. Im Schmiedeofen glühend gemacht, kommt jedes Stück zum Pressen zwischen Stempel (Matrizen). Fallhämmer und Breithämmer recken und breiten den Stahl in schnellen flachen Schlägen (400 pro Minute) zur Klingenform. Nach Härten und Vorschliff nimmt vorsichtiges Erwärmen *(Anlassen)* der Klinge die zu große Sprödigkeit und Härte. Ihre endgültige Form erhält die Klinge im folgenden Schleifprozeß.

Mit starkem Druck preßt der Schleifer die Fläche der Klinge gegen den rotierenden Stein. Sie ist zu diesem Zeitpunkt grob und muß noch geglättet und poliert *(gespließt)* werden. Den buchstäblich letzten Schliff erhält sie auf lederbezogenen Hohlscheiben, die mit Polierrot, Schmirgel oder Kalk bedeckt sind. Schleifen und Polieren erfordern hohe Konzentration und Fingerfertigkeit. Der *Reider* (Fertigmacher) verbindet zum Schluß Klinge und Heft miteinander.

Die Schneide eines guten Messers ist bis zu $1/400$ mm dünn. Im Gebrauch legt sich dieser hauchfeine Grat immer wieder um. Wird es nicht regelmäßig gewetzt *(abgezogen)*, büßt es seine Schärfe ein und muß nachgeschliffen werden.

Jedes Schneidewerkzeug kann stumpf werden oder durch Fallen auf die Schneide seine Funktion einbüßen. Dann ist die Arbeit des Werkzeugschleifers gefragt, nicht nur für Messer, ebenso für Sägen, Fräser, Spaten, Pflüge, Scheren, ja sogar für das Skalpell des Chirurgen. Beim Schleifen muß er immer wieder kühlen, damit der Stahl nicht ausglüht. Seine Schleif- und Poliersteine sind

Schleifen einer Klinge

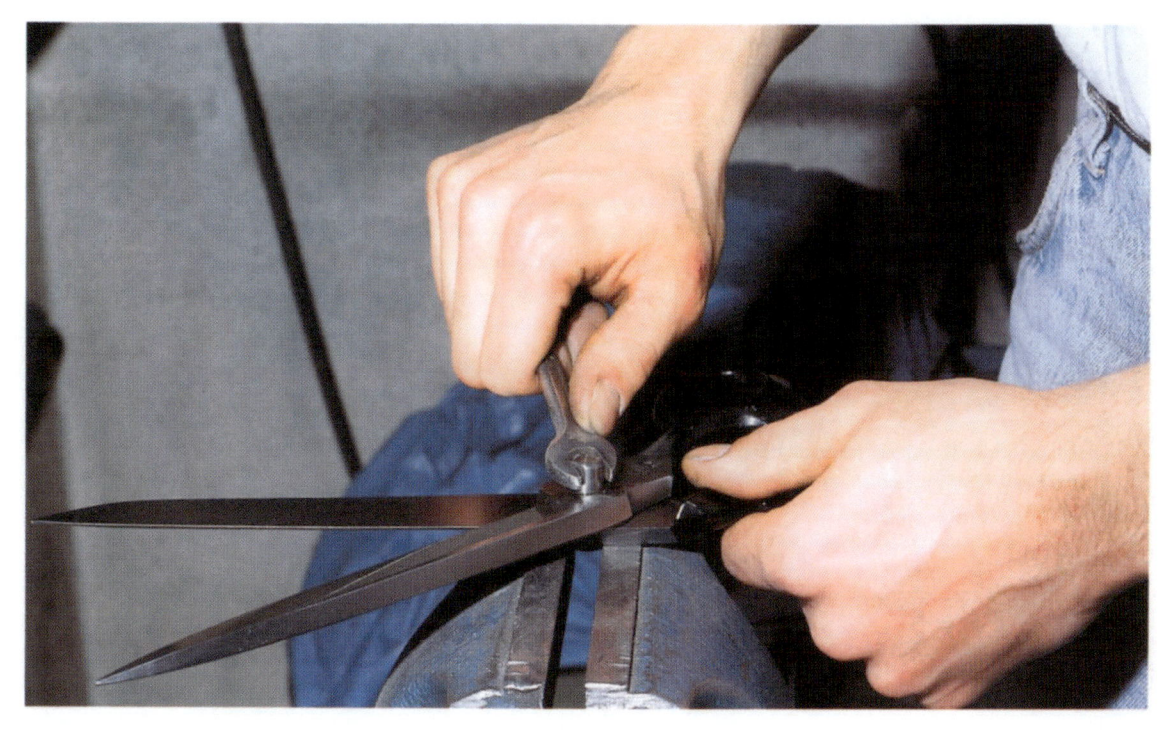

Montieren der Schere

von wechselnder Körnung und unterschiedlichem Durchmesser. Während sie früher durch Körper- oder Wasserkraft angetrieben wurden, läßt sie heute ein Elektromotor rotieren.

Der Schleifprozeß unterscheidet sich nach Art der Stahlschneideware. Der stumpfe Schliff eines Brieföffners ist ein anderer als der Flachschliff an gewöhnlichen Messern. Die Klinge des Kochmessers zum Beispiel, mit ihrer zur Schneide hin zulaufend konvex gekrümmten Fläche, die zudem an der Spitze geringer ausfällt als am Griff, muß beim Schleifen und Polieren in einer Drehbewegung an der Scheibe entlang geführt werden.

Nach dem Abziehen ist es wieder möglich, ein in die Höhe gehaltenes Zeitungspapier mühelos und ohne Druck in Streifen zu schneiden.

Einen Hohlschliff erhalten Schneidewerkzeuge mit besonders scharfer Klinge, Hobel beispielsweise oder Rasiermesser. Ihre Klinge ist nach innen zu um ein geringes Maß vertieft (hohl) geschliffen. Die sprichwörtliche Schärfe eines Rasiermessers kann man erhalten, wenn man es nach jeder Rasur abzieht. Den Fachmann braucht der Benutzer dann nur alle paar Jahre, es sei denn, das Messer fällt auf die Schneide.

Die Blätter einer Schere werden nicht flach, sondern mit leichtem Drall geschliffen und poliert. Zur Verringerung der Reibung hinterschleift der Werkzeugschleifer ihre Klingen um 1 bis 3°. Darum *singt* eine gute Schere auch ganz fein, wenn man sie bewegt. Die Güte einer Schere läßt sich schon beim Kauf an der Verbindung der Scherblätter erkennen: Nur wenn sie von einer Schraube gehalten werden, lassen sie sich (einzeln) schleifen. Vor dem Abziehen und Justieren werden die Scherblattspitzen neu *abgespitzt.* Wie gut gearbeitet wurde, zeigt der Probeschnitt.

111

Literatur

1. vgl.: John Seymour. **Vergessene Künste.** Bilder vom alten Handwerk, aus d. engl. v. N. Kneissler; K. H. Schneider, Ravenburg 1990⁵, S. 7.
2. Herbert Sinz. **Das Handwerk.** Geschichte, Bedeutung und Zukunft, Düsseldorf/Wien 1977, S. 374; Friedrich Lenger. Sozialgeschichte der deutschen Handwerker seit 1800, Frankfurt am Main 1988, S. 217 ff.
3. Konrad Gatz. **Das unverlorene Tagwerk.** Gedanken zur Philosophie und Ordnung der Arbeit, verdeutlicht am Handwerk und an der Technik, München 1951, S. 216.
4. **Lexikon des alten Handwerks.** Vom Spätmittelalter bis ins 20. Jahrhundert, Hrsg. Reinhold Reith, München 1990, S. 10 ff.
5. John Seymour, a. a. O.
6. Herbert Sinz. **Lexikon der Sitten und Gebräuche im Handwerk,** Freiburg i. Br. 1986, S. 115.
7. **Lexikon des alten Handwerks,** a. a. O., S. 92 ff.
8. Marianne Österreicher-Mollwo. **Die Glasmacher im Schwarzwald,** Freiburg i. Br. 1980, S. 6 f.
9. Anton Lübke. **Freundschaft mit seltenem Handwerk,** Leipzig 1939, S. 193 f.
10. Alfred Kühnert. **Fast vergessene Berufe,** Steinfeld 1977, S. 93.
11. Anton Lübke, a. a. O., S. 69 f.
12. Johannes Hintersberger. **Das Handwerkermuseum in Augsburg.** Ein Führer durch das Brunnenmeisterhaus, Augsburg 1986, S. 38.
13. Friedmar Apel. **Angezogen — Ausgezogen.** Bilder und Texte zum inszenierten Leben, Berlin 1984, S. 13.
14. Volker Rodekamp. **Das Drechslerhandwerk in Ostwestfalen.** Ein traditionelles Handwerk im Strukturwandel des 20. Jahrhunderts, Münster 1981, S. 50 f.
15. Alfred Kühnert, a. a. O., S. 52.
16. Konrad Gatz. **Das Buch vom guten Handwerk.** Ausgewählt aus der abendländischen Literatur, München 1950, S. 240.
17. Friedrich Friese. **Ceremoniel der Tischler,** Leipzig 1708 (Reprint Hannover 1983); Friedrich Friese. **Ceremoniel der Buchbinder,** Leipzig 1708 (Reprint 1983).
18. Herbert Sinz, 1977, a. a. O., S. 151.
19. **Lexikon des alten Handwerks,** a. a. O., S. 94.
20. Raimond Reiter. **Die »Dunkelheit« der Sprache der Alchimisten,** S. 323—326 in: Muttersprache. Zeitschrift zur Pflege und Erforschung der deutschen Sprache, Bd. 97/1987, Hrsg. Gesellschaft für deutsche Sprache, Wiesbaden 1987.
21. Herbert Sinz, 1986, a. a. O., S. 71.
22. Friedrich Friese. **Ceremoniel der Schmiede,** Leipzig 1708 (Reprint Hannover 1983), S. 38 f.
23. Jean-Jacques Rousseau. **Emile oder Über die Erziehung,** Stuttgart 1963 (Original 1762), S. 415 ff.
24. Konrad Gatz, 1951, a. a. O., S. 213 ff.
25. vgl.: Walter Hollstein; Boris Peuth. **Alternativ-Projekte.** Beispiele gegen die Resignation, Hamburg 1980; Klaas Jarchow; Norbert Klugmann. **Heumarkt.** Versuche anderen Lebens zwischen Stadt und Land, Berlin 1980.

Printed in Germany by
Amazon Distribution
GmbH, Leipzig